# YOU AND YOUR TRUE SELF

THE REAL YOU IS WITHIN

*Dr. Iona German, PhD*

**Copyright © 2016 by Dr. Iona German, PhD**

All rights reserved. This book or any portion thereof
may not be reproduced or used in any manner whatsoever
without the express written permission of the publisher
except for the use of brief quotations in a book review.
Printed in the United States of America

First Printing, 2016
ISBN: 978-0-9977682-2-0
All Thrive Global, LLC
2805 E Oakland Park Blvd #398
Fort Lauderdale, FL 33306

# TABLE OF CONTENTS

Personal Acknowledgements ................................................................. v
Introduction ............................................................................................ vii
Chapter One: The Different Kinds Of Self ......................................... 1
Chapter Two: The Qualities Of The True Self .................................... 9
Chapter Three: Understanding And Listening To Your Soul ........ 17
Chapter Four: Discovering Yourself By Understanding
    Your Body .......................................................................................... 23
Chapter Five  How The Logical Mind Works .................................. 31
Chapter Six  Understanding Your Mind On A Deeper Level ........ 37
Chapter Seven  The Super-Conscious Mind ..................................... 57
Chapter Eight  Your Ego And You ...................................................... 67
Chapter Nine  What Modern Science Teaches About
    The True Self .................................................................................... 75
Chapter Ten  The True Self And The Brain ...................................... 83
Chapter Eleven  The True Self And The False Self .......................... 89
A Final Note ........................................................................................... 95

# PERSONAL ACKNOWLEDGEMENTS

A SPECIAL THANK YOU to my family for allowing me the time to write this book! Thumbs up to my daughter Julie and son Noel. YOU ROCK!

Thank you Sam and Emma and everyone who encouraged me along this journey and made it a reality.

All credit to our wonderful Creator for wisdom, knowledge and understanding.

Dr Iona German, PhD
Fort Lauderdale, Florida
August 2016

# INTRODUCTION

*"For that man whom your outward form reveals is not yourself; the spirit is the true self, not that physical figure which can be pointed out by your finger"*
~ Marcus Tullius Cicero

IN THE WORLD we are in today, perhaps the best thing you can do to live and thrive successfully in the way you want, is to simply live life on your own terms.

This means that, first of all, you must have your own definition of success, a definition that is only personal to you and can only be measured by you and, most importantly, you must understand and be your real life. It is only when you have a true and full understanding of yourself can you begin to chart a way forward for your life.

Lauren Maillian Bias in her book, The Path Redefined: Getting to the Top on Your Own Terms, said; "Work harder than anything at staying grounded and connected to the moral compass that defines you--the spiritual support that pushes you to excel and be whole and completely fulfilled. It's one of the few attributes that you cannot outsource."

At the core of success is the understanding of the self and how that understanding can be harnessed in ways to live a more fulfilling life.

Finding your real self transcends figuring out what your best color or best food is. It is not about what your favorite music is or where your best holiday hotspot is located.

Understanding yourself, is the process of understanding the real you on a much deeper level than the surface. It is a road you haven't travelled before and it is filled with many unpredictable events.

Nonetheless, it is a road you must be willing to fully explore because journeying down this path, will bring you face-to-face with your deep self-doubts and will make you confront your insecurities. It will make you take a hard and serious look at the way you are living your life currently and put it to question.

A better understanding of yourself will make you question every dogma and belief systems that are standing in your way of successful living. It will make you take a thorough review of your current lifestyle and how you can modify and tweak it to live better.

When you understand yourself, you will respect the values in life, your beliefs, your personality, your priorities, your moods, your habits, your magnificent body and your relationships. You will be able to understand your strengths and weaknesses, your passions and fears, your desires and dreams.

Embarking on a journey of self-discovery will make you aware of your eccentricities and idiosyncrasies, your likes and dislikes, and your tolerances and limitations. Understanding yourself means understanding who you are and what your purpose is in this life.

Before you embark on this journey of self-discovery, you must first sit down and take an inward look at yourself and search deeper into what drives, motivates and gives you life. If you are not sure about what exactly you want to do with your life, you can start by asking yourself the classic introspective question, "What would I do if I weren't afraid?"

It might not be easy at first to get the answers you seek, the entire process can be very frustrating in the beginning but as you begin to delve deeper, it gets better and better and like almost everything, a little hard work at the beginning will yield a lot of benefits for the end of your days.

The plan is, to get into the heart of what makes you different as an individual and as you continue to do that, you will get to understand yourself better. In my first book, "Thirty Days to Transform Yourself" are strategies of self-transformation that will prepare you for this journey!

What your journey of self-discovery will also teach you is, an acceptance of the self. You will be able to accept who you really are—the good, the not-so-good and the really ugly. And, once you are able to accept these facts about yourself, you will start to become your own greatest fan and best friend. Don't expect to be perfect because you won't be. No one is and no one will be. All you need to do is be comfortable in your skin. Be yourself and enjoy the tremendous power that comes with accepting oneself for who one really is.

When you understand the real you, you will be able to play to your strengths and manage your weaknesses. Perhaps, you have a great vision for your future, the understanding of yourself will make you look at the skills you don't have but need to actualize such a future. It will lead you to recognize your own reality and get someone who can offset your weakness in that area.

The path to self-discovery will unlock your creative self as it will eliminate every obstacle blocking your path to innovativeness. It will allow you to tear down walls that are blocking your creativity. Walls such as the need to be right, the acceptance of fixed work roles, the pressure to conform to the norm, the fear and anxiety of failure and any other negative beliefs.

One of the most comforting things you will learn when you journey down into what makes us all human is the knowledge that it is just fruitless trying to change someone, whether your spouse, your boss, your relative, etc., to meet your own expectations. As you learn to accept yourself, you will also learn to accept others for who they truly are. The moment you begin to use this understanding in your relationship with people, the better your relationship will become and you will be able to channel your energy into what really counts which is the achievement of your life's goal whether personal or professional.

Consequently, as you begin to achieve these goals, you will rely less on the help of others and actively build yourself to depend more on your own efforts and strengths. You will become self-reliant without pushing other people away. You will realize that we are all here to help each other which will make you welcoming to other people and be able to invite others to help you achieve your goals and dreams but realize that it is ultimately up to you to reach these goals.

You weren't born knowing yourself and you automatically won't get it by growing up and growing old. Understanding of the self is a conscious and deliberate effort that will give you peace in the end. Just like the old saying, "In the end, it's not the years in your life that count. It's the life in your years." Find your real self and consistently make decisions that display and support that reality. The moment you begin to do that, you will find inner peace in your life—and life in your years.

The most beautiful thing you will ever witness in your life is, when you begin to transform into the person you were meant to be from your very beginning. And, that is something which is truly beautiful.

Dr. Iona German, PhD

# CHAPTER ONE
# THE DIFFERENT KINDS OF SELF

MANY LITERATURE AND academic publications have tried to explain the concept of the self in many different ways. But the analysis of the self in this book will first try to explain the different aspects of the self and help you make sense of how you can use the information to develop yourself.

The aspect of the self are so broad and distinct, vary in their origins and developmental histories, in our knowledge about them, in the pathologies to which they are subject and in the manner in which they contribute to our social experience.

Here are five of them:

1. The Ecological Self:
This is the self that people perceive with respect to the physical environment. So this is the self that people

refer to when they say, "I am the person in this place, doing this particular thing" etc.

2. The Interpersonal Self:

This is the self that develops from the stage of infancy in much the same way as the ecological self and it is specified by signals that indicate emotional and physical communication.

3. The Extended Self:

This self develops from our personal memories and anticipation.

4. The Private Self:

This is the kind of self that we develop when we notice that some people don't share the kind of experiences we have.

5. The Conceptual Self:

This kind of self is also developed from different assumptions and theories in which it is embedded. Some of these theories are about social roles, others are postulates about internal entities such as the subconscious mind, the unconscious mind, the true self, the soul, the brain. Others try to establish socially significant dimensions of difference.

The first self is marked by sense and a comprehension of the environment.

The second type of self is more subjective and is in relation to significant human interaction and also valence and affect based.

The third is experiential in form and is shaped by internalized activities with family playing a key role in the development of that self.

In the fourth, the social sphere plays a very important role too and the fifth is dependent on culture and subject to variation.

You may not really be able to find a clear and apparent distinction between the different types of self but as we begin to expound more on it, you will start seeing the differences.

## The Ecological Self

The ecological self, like the environment, exists objectively and many of its characteristics are specified by objectively-existing information. This information enables us to feel the location of the ecological self but also the way it is interacting with the environment.

## The Interpersonal Self

The interpersonal self can be said to be the self as involved in immediate unreflective social interaction with another human. Much like the ecological self, it too can be perceived on the basis of objectively existing information.

If the type, direction, and intensity of the action of one person syncs in an appropriate with that of another's, then we have what we call an instance of joint inter-subjectivity where the mutuality of their behaviors exist and can be perceived by the participants themselves and others.

Each of the participants can see, hear and even feel the responses of the other participant(s). These responses as they relate to the perceived activity of one, is what specifies the interpersonal self.

In an experiment performed by Lynne Murray to demonstrate that the interpersonal self depends on a shared structure of reciprocal activities that both participants enjoy and that neither of them could have alone, the researcher considered the relationship between mothers and their 6 to 12 weeks-old babies.

In the experiment, mothers and their 6 to 12 weeks-old babies were kept in different rooms and allowed to only interact using a CCTV. Mother and child were each allowed to see and hear a full face, life-size video image in real-time of the other ensuring that appropriate eye contact was made. It was found that as long as the video feed was on, the babies were able to interact normally with their mothers: they looked intently at their mothers with mouths opened and relaxed and eyebrows slightly raised, with other indicators of interest.

The first few minute of this live interaction was recorded and served as the control condition for the experiment. The recorded tape of the mother was then rewound and replayed to the child on the screen. It was discovered that even though the infants saw and heard the same gestures in both conditions—the same mother, the same show of affection—they responded in a very different way.

Under this experimental condition, the babies who had been happy a few minutes ago when the CCTV was live started showing signs of distress: they frowned and turned at the mother's image and fingered their clothing.

A control measure was introduced to ensure that those signs are not exhibited due to tiredness of the situation.

It was found that the infant's distress happened because the children's responded by showing signs of distress because their mothers' response did not match their own.

The result of the study showed that infants during normal face-face interaction do not just perceive information about their partners but they actually perceive the ongoing intersubjective relationship.

This further shows that the interpersonal self is specified by the orientation and flow of the other individual's expressive gestures. Not only that, it also shows that the interpersonal self is developed and confirmed by the effects of our own expressive gestures on our partner.

## The Extended Self

In the discussion of the self so far, what we consider, for example, other people's gestures, specify the self only in the present. We can see what we are doing right now and who we are doing it with but how can we know what we did two months ago? This information, of course, depends largely on our memory.

The extended self exists primarily on the basis of memory and is the self that was in the past, is in the present, and that we expect to be in the future.

The extended self becomes very important as we begin to grow older and recent studies have shown that elderly people in particular have very rich and accessible memories for the period of adolescence and young adulthood.

## The Private Self

Every one of us has conscious experiences that no other person has and some of these experiences are inner aspects of action and perception.

Other experiences such as dreams for example are usually independent of the actual present circumstances. These, our personal experiences are very important sources of self-knowledge and these, private experiences, all contribute to augmenting the extended self.

Many Philosophers hold the view that the private self is the only self -deserving of knowledge with René Descartes primarily responsible for the claim that, it is the only self that we can be sure about and all other experiences being subject to error and delusions.

## The Conceptual Self

Every one of us has a concept of his or herself as a particular person in this world and they vary across different societies and cultures. For example, my own concept could be: I am a mother and an author. I talk to people very often and read extremely fast. I have certain rights both social and political in the society I live in. I am a people person and I think about the results of my actions.

My understanding of who I am and what I am, shows a cognitive model embedded in a theoretical network. It is based on what I have been told in the form of general cultural assumptions and other communications that has been addressed to me in particular. This governs what I notice, especially what I notice about myself.

But like a lot of other self-theories, it is not necessarily correct because all of us know one or two persons whose self-theories just doesn't make sense in some ways.

However, most theories work fairly well at least in the areas of predicting real experience. For example, work by famous psychologist, Carol Dweck has shown that children's belief about intelligence has an effect on their performance at school. Those who think intelligence is fixed and thus cannot be improved, learn little from school and those students who have a self-concept that enables them to develop and grow intellectually learn better. Even though, such attributions are something we acquire early on in life, they can still be changed and that is what we will be focusing on in this book.

## CHAPTER TWO
# THE QUALITIES OF THE TRUE SELF

ACROSS MANY RELIGIONS of the world and in the modern scientific study of psychology, seven qualities define the unique nature of human being.

They are: Spontaneity, Reasoning, Creativity, Free Will, Spirituality, Discernment and Love.

For any human to live a fulfilling life, these qualities must be nurtured. When this is done, our lives will be opened and filled by limitless opportunities but when we decide to do otherwise, our lives will remain wanting and helpless. We will begin to function at a level that is far lower than that of our true potential.

Regardless of whether we use these potentials or not, these qualities just don't vanish, but become dormant because of their disuse. They are ever present in us and will become functional as soon as we are able to awaken them.

Let's go ahead and discuss these qualities and how they affect the true self.

1. Spontaneity

A quote by Buckminster Fuller reads: "Children are born true scientists. They spontaneously experiment and experience and re-experience. They select, combine and test, seeking to find order in their experiences--"which is the most? Which is the least?" They smell, taste, bite, and touch-test for hardness, softness, springiness, roughness, smoothness, coldness, warmness: they heft, shake, punch, squeeze, push, crush, rub, and try to pull things apart.

Being spontaneous is being able to express the self without any form of obstruction. We become more spontaneous if we feel safe, loved, cherished and are without trouble or bother.

A spontaneous person is joyous and would warm towards affectionate humor just like a child because they will not be battling social constraints and will naturally be able to express their authentic and visceral feeling. People who are able to maintain their spontaneity beyond their childhood years are able to access a wide range of their emotions.

While many people may liken spontaneity to youthful tendencies because it involves innocence and child-like behaviors, it is worthy of note that spontaneity entails resilience and the preparedness and ability to heal, develop and expand one's competence. Being spontaneous enables us to grow and express our aliveness.

Psychologist talk about the six universal emotions that we express irrespective of our culture, tribe, religion, race, ethnicity or education as happiness, joy, surprise, anger, sadness, and fear. Even though, we often associate access to positive emotions as a sign of maturity, but it is the awareness and full access to one's range of emotions that more accurately defines a person who is spontaneous.

To check if you are spontaneous and have a full awareness of yourself and access to your emotions, you must ask yourself: Do I feel openness and readiness in my activities? Do I possess a freshness and enthusiasm in my life? Can I access all my emotions? Do I restrain myself or am I at ease with the emotions I experience?

2. Reasoning

Reasoning, can be said to be, thinking that is sound and it accounts for our understanding of life and our progress in it.

By reasoning properly, we can learn more about the world and discover ourselves while participating in life in endless ways. With our ability to understand, we are made to explore, engage the world and find solutions to our problems.

3. Creativity

We can explain creativity to be a unique manifestation of our ability to make something out of our originality of thought.

Michelle Shea is credited with the quote: "Creativity is…seeing something that doesn't exist already. You need to find out how you can bring it into being and that way be a playmate with God."

Even though, we cannot create things out nothing, we still have the ability to make or transform the things around us to conform with our ideas or thoughts.

We have the ability to transform our dreams into reality and to shape ourselves and the world we live in to further inspire us, excite us, and incite others. By being in touch with our true self through creativity, we can develop the skills which we never knew we had or cannot fully engage and put to use.

When we keep applying our abilities and allow our true self to connect with possibilities, our creativity develops and this in turn builds our self- awareness and strengthens our identity.

When we create, we involve ourselves in risk-taking and we embrace new possibilities. The creative process allows us access to the source of both our intrinsic nature and our individuality. This will allow us to further discover and bring to life the intrinsic abilities we have. It will also help us to further identify those qualities and to access their power.

Creativity comes from within and this is why we often feel that we are a part of what we create. When our work allows us to be creative, we call it Art, and the product of this is tied to our self-worth.

By expressing our creativity, we can leave our distinct mark and derive fulfilment because creativity is a unique expression of our own experience and achievement.

4. Free Will

Free will can be said to be our ability to choose what we want for ourselves, even more, it is the ability to collect an observational sense of any situation we find ourselves.

In demonstrating free will, we understand that we can leverage our own voice instead of echoing others. By observing the choices we are faced with, we can establish our voice in relation to other people and feel a sense of integrity in our stand.

When we decide not to make choices, then we are denying a part of our self. That is why people who feel like they have lost their free will, often feel caged. If we feel that we have no choice and consequently that our free will is denied, then we need to look at ourselves and examine what constrained us.

It is only when we are able to draw upon our spontaneity and use our reasoning and creativity can we begin to release ourselves from these trappings.

5. Spirituality

Spirituality, is about our communion with our Creator; the source of life.

Spirituality is something that transcends our mind and knowledge because it comes from understanding and experiencing God. Our ability to grow spiritually is made possible through a recognition of and commitment to developing our relationship with God. When we are able to go beyond the temporal and engage the spiritual, we can find the guide for our journey of fulfilment.

For us to put our spirituality to good use, we must be able to engage our personal relationship with God and give this relationship importance in our lives.

You can experience God and spirituality one on one.

God is not religion. We are able to find the spirit when we discover our true self and actively engage it.

6. Discernment

Discernment is the ability to tell what is good from what is bad. It is the ability to choose that which is good in the end. When we demonstrate this ability, then we put into use the principles that are guiding us. We can then say, discernment is that ability to make moral choices and to act in accordance with it.

Discernment is not the same with being judgmental and disdainful. It is simply judgment driven Truth. Discernment comes from being able to know, choose, and eventually act on that which is good.

According to psychologists who focus on moral development, most of us are able to tell the difference between right and wrong at the age of three.

However, even from our very early experiences, our discernment begins to develop as our virtues. Therefore, the level to which we develop virtue (for example, kindness, justice, care, truthfulness, courage, etc.) will determine the quality of our discerning ability. Through discernment, we are able to express our connection to the concerns of the people around and far from us and this defines our character.

7. Love

Love is that point where the true Self is actually subjected to its greatest use. Love is extremely caring and passionate and its expression generates respect and honesty while encouraging reciprocity. Love makes use of strong physical, emotional, and spiritual attraction.

Therefore, we are driven by the serious and powerful urge to love and be loved by other people because love is very important to our social nature.

By trusting another to know one's own self through their eyes, we free our self to union--to love and be loved.

Through love, we convey the ultimate expression of our true self through an active engagement of the Self and Others.

Although love may encompass sex, but a sex-based relationship is not love. Love is a conduit that allows the inner floodgates of one's being to another.

Because you are vulnerable when you love, you tend to only feel love when you fully expose the Self in a relationship and let go of your defence mechanisms. As long as the other party is reciprocating this, you will both be accessing your true Self.

# CHAPTER THREE
# UNDERSTANDING AND LISTENING TO YOUR SOUL

IN MANY RELIGIONS, philosophical school of thoughts and mythological traditions, the soul refers to an immortal, yet incorporeal essence of a human being.

Many theologians and philosophers have argued and posited that only human beings have souls while some other religions such as Hinduism and Jainism believe that all biological beings have souls and animists believe that river and mountain (non-living entities) have souls.

In the discussion of the soul in this book, we will limit it to how it relates to you as a human being and how you can better understand it.

According to common Christian doctrine, when a human being dies, his soul will rise out of his body and go to heaven to be judge by God. So it is safe to infer that the soul has sensations and thoughts, it has desires and beliefs and can perform intentional actions even though it still needs a body to carry out many of these functions.

The soul can be said to be the self, the "I" that lives in the body and uses it to perform actions. Without the soul, the body is nothing more than a useless mass without a thought or purpose.

It is like an aircraft without a pilot or a car without its driver. When the soul enters the body, it gives it life, purpose, sight, sound, feelings, speech, thought, intelligence, desires, identity, personality, and will.

The soul is not just a life source. It signifies the existence of a human being. It stands for its meaning and purpose and the crux of a thing's identity.

An illustration of the soul can be found in a musical composition. The soul of such a composition can be viewed as the vision of the music composer that breathes life to the notes being played in the music composition. These notes themselves can be likened to the body which expresses the vision and the feeling of the soul that is contained in them.

Therefore, for you to reach the pinnacle of success and set yourself apart from the lot, you must be able to hear the voice of your soul and not only that, you must be able to listen carefully and heed its instructions.

Your soul has the compass to guide you to your life's destination and it is only when you learn to tune into it, can life really make a lot of meaning to you. Since our soul is different and is our identity, our soul will speak to us in different ways. While some may get directions to their lives in their dreams, others may get theirs through meditation or through creative work.

There is no general accepted right or wrong way when it comes to understanding the language that your soul is speaking but sometimes our souls speak to us in often common ways.

1. Joy and Laughter

Being joyful transcends happiness and good mood. It is a level that is filled with electric vivacity and vibration. Joy makes us come alive and full bursting with spontaneous spasms of happiness.

When you feel joyful about a situation, decision, or someone in your life, you get that feeling that you are treading the right footpath and you are on your way to accomplishment and fulfillment.

Joy is a confirmation that you are doing the things that your soul really wants in much the same way that fear, anxiety, or doubt might be the telltale signs that your soul gives you to steer you away from the path of destruction or unhappiness.

2. Energy surges and dips

Do you feel yourself bursting with energy when you are doing some activities or tasks? To listen better to what your soul is telling you, you must be able to pay attention to those beautiful moments, those moments when it feels like you can go on and on doing a particular task because you love it and you are never tired of it.

You should also carefully pay attention to those moments when you experience a dip in your energy level. You should listen carefully to the causative factors of these surges and dips. It could be the people you surround yourself with. It could be the kind of work you are doing. It could be the food you are eating. Whatever the case may be, it is up to you to find out what is responsible for these energy peaks and troughs and listen to what your soul is trying to tell you.

Your soul is energy so it only makes reasonable sense that it will communicate to you through different energy levels. Pay attention to your energy level and you will discover what message your soul is trying to pass to you.

3. Dreams

Since your soul will most likely not communicate with you using words, instead it will use energy or vibration to send messages to you. Now, these messages can take the form of images, dreams, uncommon signs, or other moments of synchronicity. When you are able to relax your mind and body or are even in a deep meditative state, your soul may attempt to reach you to offer you guidance, advice, or suggestions on how you can overcome a difficulty you've been pondering upon or to avoid a stumbling block that might make you fall. If you are able to have dreams in which the same events keep reoccurring, then you should even pay more attention to what your soul is trying to tell you.

In much the same way, sometimes, the soul makes us see repeated images, number sequences or even experience synchronicity to enable us to follow a path that will take us our intended destination.

4. Creativity

Your soul is not only, powerful, it is also capable of creating great stuff when it syncs with other souls. Take a look at the world we live in today, it is a result of the concerted effort of many souls geared at creating and shaping the environment they thrive in.

Our souls are always nudging us to create something whether it is through art, emotions, or life. You must free yourself and allow yourself to be guided by your passions. You must take out time from your daily activities to do something really creative.

We are all creative in our own ways and it is just a matter of reaching into the soul and unlocking our potential and removing any barriers that come our way.

5. Intuition

This is the strongest way our soul communicates with us. Intuition is a feeling that transcends normal reasoning. It is that strong inner voice that manifests in our minds or heart. Therefore, you must learn to have confidence in your intuition because it is crucial to understanding the language and voice of your soul and the better you listen and get yourself attuned to it, the stronger it will become.

# CHAPTER FOUR
# DISCOVERING YOURSELF BY UNDERSTANDING YOUR BODY

WHEN YOU STARE in the mirror, what do you see? Do you see a very handsome or beautiful, awesome and wonderfully made creature?

Self-image is the way you think about yourself and your abilities or appearance.

If you have a negative feeling about yourself each time you look into the mirror, then you are not alone. There are millions of people in the world who feel negatively about themselves, men and women alike. More than ever, today, we are subjected to intense pressure to measure up to a certain accepted social and cultural ideal of beauty.

Advertising has been a veritable tool for the mass media to constantly bombard and flood our memories with ads and images of models with perfectly-sculpted body gracing the cover pages of fashion magazines and social media, making our mouths water with ideals that are difficult and almost impossible to achieve and sustain.

Sales men understand that to make new sales, they have to instil in us a new kind of psyche; a new kind of problems about our bodies that needs to be fixed. Every part of the body (females especially) is picked apart and looked at critically.

Women are constantly objectified in different forms and you see numerous flaws about your body on TV and social media, further reinforcing the thought that you need to lose weight to be happy and you should spend a lot to reverse the natural process of aging.

All these adds up to shatter your self-confidence and pulverize the real YOU.

But the key to real happiness to Internal and External Joy is to learn to understand and appreciate your body. You must learn to listen to your body's signal.

In the journey of life, you need to make your body your ally. It is how you relate with your body that will determine your level of happiness and depth of self-discovery.

You must realize that the first and most reliable guide to happiness is your body. Before you carry out any action, pause and take the time to listen to your body. Ask your body, how it feels about your intended action. If you get the signal of comfort and eagerness, then you should proceed.

However, if you don't but instead gets signal of physical or emotional stress, then you must be very careful and take caution. You and your body are bonded together. You can't have sensation or feeling without your body.

For you to take control and understand your body. You must be aware. Awareness has tremendous and unimaginable powers. It keys into every cell and muscle fiber of your body. It is an invisible silent agent that transmits messages back and forth from your mind to your body.

When you come to the full awareness of your body, you come to understand and implement the signals that your body is sending to you.

You will hear your body say,

"Yes to balance, no to imbalance"

"Yes to regular rhythms in activity, no to disruption"

"Yes to deep rest at regular intervals, no to constant stress"

These aren't just some coded messages. These are signals that you have to listen to in order to thrive and be happy. When you do not pay attention and listen; when you disregard awareness, then you work against the natural flow of nature which is the flow of life itself.

When the mind, soul, and spirit are in peaceful synchrony, then you begin to live in a natural state of happiness. But if there is an imbalance, you get the negative signals of discomfort, pain, depression and anxiety. You feel unhappy about your body and life in general. In this state, awareness is lacking. It is only when we look at our relationship with our body this way can we be able to link health, wholeness and holiness together because these three share the same root word and all the three have the same state of harmony and disharmony.

You must understand that awareness isn't the same as having a thought. For example, a mother can simply know how her child feels without thinking too much about the numerous things that could go wrong with the child.

Awareness is quiet and more intuitive. By simply paying attention, one can be able to pick up signals that penetrates into the depth of the field observed.

There is this saying that, "The issues are in the tissues". This is just a simple way of saying that problems like anger, depression, neurosis, hostility that we consider psychological are actually not psychological. They correlate with something in the brain and your brain through the nervous system makes your body cell understand that something is wrong with you.

When you don't pay attention to your body, you are simply putting it in such a situation as that of a neglected child which will be unhappy and dejected if the parent ignored the child's cries for help.

So how exactly can you become more aware of your body?

Since food is a very common problem in our society of today, it just makes sense that it becomes the subject of our illustration. In using food as an illustration, we won't limit food problems to only obesity as there is a wide range of food problems available. You may be the type that eats extremely sparingly or eat nervously or have bad digestion problems.

So, the next time you reach for a food that is 'unhealthy' or have the craving to drink or just have any craving for what you feel will not do your body any good, you should pause first and stop focusing on the food. Focus instead on what your body is telling you. Ask yourself, "How do I feel at this moment?" This is a question that you have just two answers to. It is either you want to eat the food because you feel hungry or you just want to feel something that you know deep down is not good for you. When you do this, you will be able to make a good decision.

Understand however that this may not always be successful the first few times you try it but as the awareness becomes more amplified, slowly, you will get a hold on your feelings and make better decisions that will positively impact your body.

The second step, if you can take it is this, whenever you feel that feeling that makes you want to do that thing that is bad for your body, write it down, that feeling, in a journal. Be very specific as you can. An example is, "I just need to do get away from my problems", "I feel stressed out", "I am just desperate to eat this". Don't just write that you are hungry or feel like smoking. Make it more emotional.

The third step is a bit more difficult and this involves your taking some time out after you have written this feeling to be with this feeling for a full minute.

Then ask yourself, "Do I actually need to do this?" For a lot of people, this may be a very difficult task to carry out because most people are driven by natural impulse. Now, the point of awareness is to get control over your impulse and listen to your body.

Immediately you are able to master the second step, then you are on your way to getting the full awareness that you need to be able to listen to your body. As you engage in the act of listening properly to your body, it pays to also keep the following things in mind:

1. Shun perfectionism

There is no such thing as a perfect body. Perfectionism doesn't exist anywhere in the real world and it will be unfair for you to demand it of yourself. It is a self-defeating purpose and is one which will only lead you towards a perilous path.

Forget about certain images you see of other people in various places and going crazy to be that person. Place the focus on yourself.

Take a breather and appreciate your body. It's only one you.

Your body is unique to you and you should learn to appreciate it.

2. Stop criticizing yourself unnecessarily

Whenever you get that negative voice telling you that you are not attractive or are not good enough, do well to squash and silence it. The society's definition of a good body should not have anything to do with you as person.

If you fail to achieve what you wanted just because your body cannot pull through, you should not tell yourself that you are a failure. You can instead rephrase and tell yourself, "I was not able to do that but I'm able to do a lot of things right"

3. Look at how far your body has brought you.

It pays to look at how your positives have helped you get to where you are right now. How you have been able to use your amazing voice to do great stuff? What about your brain? Are you good at chess? Are you very creative with your hands? Can you express yourself through art? Can your body make rhythmic wiggles to lovely sound?

Make a list of how your body has helped you accomplished the things you want—whether big or small. Write them out and look at them very often. Ensure that you add more to this list as often as you can.

4. Don't get worried sick over your weight

Yes, we are being told constantly that millions of people are obese and thinness is the new fad. But you must understand that the real YOU is not a function or measure of your weight and your self-worth is not in, any way tied to how much fat you have or don't.

What works, is to eat healthy and engage in physical activities, not only that, you should also encourage the inner you with a lot of positive self-talk.

5. Always dress for your happiness

The inner you must blossom and flourish in the way you dress. You can decide what emotion you want your body to display through the way you dress. You must look for clothing whose style, color, and texture reveal what you are feeling inside. They should amp the areas of your body you are confident about and downplay the ones you don't consider too great.

6. Connect your soul with those that will help you grow

If you want to be happy in life, then you must create and maintain a very good relationship with those who make you happy. Engage in positive self-talk. Surround yourself with people who use praise and words of encouragement for their souls. Be involved in the development of others and lift their spirits.

7. Document your happiness.

It is very easy to take things for granted especially the seemingly 'simple and small' things such as breathing, walking and talking. When you are able to appreciate the functional nature of your body, you will be much more able to value it.

Appreciate the value your legs give you by taking you conveniently to places of your choice, your arms for making you carry things and embrace the people you love, even your eyes for making you able to read this book.

Appreciate the fact that your body and brain is able to discern joy, love, and the wonderful things of nature that you are surrounded by. Get your head to focus on the beauty of your soul and the things that you are grateful for. This can bring you a lot of peace in this turbulent world.

# CHAPTER FIVE
# HOW THE LOGICAL MIND WORKS

THE HUMAN BRAIN is the most complex organ in the human body and it is responsible for performing a whole lot of amazing functions such as regulating your breathing and maintaining other bodily functions that keeps you alive.

But your mind is another thing entirely, it is equally powerful and responsible for a lot of life functions but most of us don't understand it as much as we understand the brain. This is why many of us end up stuck.

To be successful in your personal, marital, and financial life, there is a need for you to know how your mind works. If you have decided to become wealthy in life, it pays to understand how your mind works logically, physically and biologically. When you have this understanding, you will be able to let it serve you instead of you serving it.

To start with, let us analyze the difference between your brain and your mind because a lot of people often confuse the brain with the mind. Your brain is an organ, like your heart, your liver, your spleen, and your lung. It is that physical organ that is protected by your skeleton and serves a lot of biological functions. Just like the heart serves a biological function of pumping blood to other vital organs of your body, your brain is also designed for a biological purpose.

However, your mind serves the primary function of handling thoughts and memories. This is not to relegate the function and complexity of the brain but the mind does the complex function of thinking, storing, reasoning, evaluating, filtering, organizing, learning and that's a far more complex function than the brain's.

To make things clearer, let's look at this analogy.

Let's look at the mind like a television without a switch which means that the TV just stays on all day, right? The mind is like a TV without a switch that never sleeps. It is always busy and processing even when you are not in your active conscious state. The mind has billions of channels and scans all of them and switches between them when it desires. What many don't know, is that, they can change the channel. What this means is that you can direct and instruct your mind to stop scanning or processing.

You can have partial control of your mind, though not everything. This is what a lot of people don't know.

The mind has the capability of processing thousands of instructions every second and because of this, there are times when it goes off momentarily to retrieve an answer from its storage. This is when you can hijack it and control it for a moment before it takes back control.

Another thing to note is, that your mind operates on being right and internally, it receives and stores information as facts or truth whether the facts are actually true or they aren't. This is very important as they define your beliefs and what you assume to be true. They define the self. For example, if you always think that "I am not strong" your mind will process this information as valid and will start to reflect in the self as you will unconsciously start making choices and taking actions that will communicate what your mind conceives as the 'truth'.

Your mind also operates in such a way as to either gain pleasure or avoid pain. With any decision that your mind makes, it does a quick self-check to see if this action will help you gain pleasure or avoid something really painful. And if it has to make a decision it will make a decision that will give you pleasure rather than pain. For example, when you say: "I would like to have so much money and live free," your mind can visualize the things you will need to do to achieve that end and it might include such things as working extra hard, saving, and ditching a luxurious lifestyle that you might be currently living. You may have to even eat out less often, buy less of things that give you pleasure and only spend on needs. All these, your mind associates with pain and will choose to avoid the pain than gain future pleasure and more often than not, this is what makes you feel stuck. This is the same principle that may keep you from making financial progress.

Another way to explain how your mind works logically is to think about it as a garden. If you plant good seeds in your garden, then you should expect good fruits. If you plant bad seeds, then you should expect to see bad plants. And of course, if you refuse to plant anything, then the garden will grow whatever it feels like growing.

The reason many people do not live to their potentials is because they had either planted the wrong seed in the garden of their minds or they refused to do anything and let their minds develop into what it wants to develop into. How can you change this? This is not hard. You have to be the master of your mind and choose to ponder on thoughts that will benefit you. Speak only in a specific way and practice all that are recommended in this book.

Another logical way your mind functions, is that it requires a reason to function. If you do not have a reason to perform an operation like say, think, or do something; or why you shouldn't say, think, or do anything, then your mind comes with a 'good enough' reason to say, think or do anything. This self-check is performed against your current beliefs and values. You must understand that what your mind belief is what it seems possible or doable.

If you believe that whatever you want to do isn't possible, then your mind will prevent you from performing any further action or thought.

Finally, your mind grows with mental exercise and it becomes stronger and process better and physically creates more connections when you challenge it more often.

# CHAPTER SIX
# UNDERSTANDING YOUR MIND ON A DEEPER LEVEL

> *"The first reason for man's inner slavery is his ignorance, and above all, his ignorance of himself. Without self-knowledge, without understanding the working and functions of his machine, man cannot be free, he cannot govern himself and he will always remain a slave, and the plaything of the forces acting upon him. This is why in all ancient teaching the first demand at the beginning of the way to liberation was: Know Thyself."*
> —George Gurdjieff

## How the Conscious, Subconscious and Unconscious Work

The human mind is not a new concept and you definitely aren't reading about it here for the first time.

Sigmund Freud, the very famous Austrian psychologist was probably the person responsible for making its usage mainstream as we have it today.

Even though, many in some quarters don't agree with his theories because they cannot be proven scientifically, Sigmund Freud regardless came out with an analysis of the human mind which is broadly separated into three categories: the conscious mind otherwise known as ego, the subconscious mind, and the unconscious mind.

If your mind is to be represented in the form of a pie chart, then your conscious mind or ego will occupy a small fraction of that pie, it will probably cover 10% of the total capacity of your mind.

The larger section of the pie chart will be covered by the unconscious mind and would probably cover an approximate 50-60% of the entire pie chart. The unconscious mind is very big in capacity and is not accessible to the conscious mind.

## The Interplay between the Conscious and Unconscious mind

Your conscious mind is the You that people relate to and identify with. It is where you live daily. Your conscious mind performs in much the same way the leader of a nation does. It gives all the orders, establishes control and gives direction to the other sections of the mind and the body. The subconscious and the unconscious may receive instructions from our conscious minds but they are the ones that actually drive us.

Our conscious mind establishes communication with the world outside and with the inner self through the use of tools such as speech, pictures, writing, physical movement and thought.

Our subconscious mind is guardian of our memories and maintains consistent communication with our unconscious mind.

The unconscious mind is the custodian of all our memories and life experiences, even those memories that we have hidden due to trauma and those that we have simply forgotten as a result of our conscious daily actions and we thus consider unimportant. It is these memories and experiences that form our belief system, habits and behaviors.

Our conscious and unconscious minds are consistently in communication by using the subconscious as a medium. It is this communication that gives meanings to all the interaction we have with the outside world. The signals we receive from interacting with the outside world are filtered through our beliefs and habits that we have formed as a result of memories and experiences contained in our, unconscious which then makes us produce outputs through feelings, emotions, imagination, sensations, and dreams.

**An Analogy...**

Since we are in the digital age and almost everyone understands how a computer works, it makes sense then to use the computer analogy to explain how the mind itself works.

Therefore, imagine your mind like your PC or Mac.

Let your conscious mind be represented by the keyboard and monitor. Data is inputted on the keyboard and the information is shown on the monitor or screen. That is essentially the role your conscious mind plays in the grand scheme of things. It takes stimulus from the outside world and throws the results into your consciousness.

Your subconscious plays a similar function to the RAM (Random Access Memory); the RAM is that storage area in your computer where data that are currently in use are stored so that they can be easily accessed by the computer processor. Data on the RAM is much quickly accessed than those on other types of memory such as the hard disk or CD. Recent memories are stored in your subconscious for quick and easy access when needed, for example, information about a particular topic you are going to get tested on in a few hours or the email address of someone you just met. The subconscious mind is a storehouse for tasks you do every day and things that you think about frequently. It holds your behavioral pattern, habits and feelings.

Your unconscious mind, is similar in function to your hard disk. It is dump for all the memories you've had since you were born. Your unconscious mind (together with your subconscious) uses these memories to make sense of all the data you interact with every day to ensure that you survive and thrive.

These two mind levels act on the logic that if it has worked in the past and you survived it, then you will get through similar situations, no matter how uncertain or painful the result may be to you in the outside world.

## The Conscious Mind

Different people have different understanding of the conscious mind and if you are to ask ten people the question, "What is the conscious mind?" You will get different answers. Some will say that awareness of the self is what distinguishes the subconscious from the conscious.

But that isn't true because that would mean, that the subconscious is unaware and there are lots of evidences that have proven that you can be influenced by your surroundings or what people are saying even when your conscious mind is not paying attention. For example, when you are under anesthetics or sleeping. There are even instances when people have driven several miles to a particular destination without having an idea of how they got there. In those situations, the subconscious have been found to be responsible for those functions even as it stays aware.

Others will even raise the point that you do all your thinking and logical reasoning in your conscious mind but that doesn't also provide an explanation for the difference in the subconscious and unconscious minds. Your unconscious mind is a warehouse for memories, emotions and habits and in fact play a very good role in your ability to reason logically.

Process this for a minute, when you were an infant or a baby, your conscious mind had not yet fully developed to the extent that it would be capable of measuring and testing all the stimulus it is getting from your environment, so it stays at the background and allows your subconscious and unconscious to do all the work of ensuring your survival.

It is your subconscious and unconscious that does all the task of gathering data and reasoning such as identifying that the nipple is a source of food, that crying gets you all the attention you need in the world and that you need your mum's cuddle to keep you safe and alive.

Your two minds do the work of forming logical patterns of associations (habits, beliefs and emotion) that will help you survive this harsh world.

In fact, the two powerful functions that your conscious mind when fully developed can do that the two other minds cannot do are:
1. Direct your focus
2. Imagination of the unreal.

These two abilities can change your life in ways you cannot imagine.

Let's go into a discussion of each of one of them.

## Directing Your Focus

Even though your subconscious mind is much more aware of your immediate environment (some say this is responsible for your sixth sense) than your conscious mind and is always active even when you are asleep, it still takes orders from your conscious mind.

If you constantly focus your conscious thought on things that are negative, then your subconscious will blindly follow the dictates of your conscious mind and will ensure that your feelings, emotions and even memories are all negative. And since feelings tend to become reality, you will then begin to see yourself trapped in the winding and torturous loop of negativity, fear, and anxiety. You will constantly be looking out for the bad side of every situation.

Perhaps, you are lying on your bed alone in the house, in the middle of the night. Then suddenly, you hear something makes a crackling sound. If you are the type that allows your thoughts to focus on the negatives and lets your imagination hover around negative scenarios that may happen, then your subconscious will immediately feed you with those negative feelings, emotions, and memories of the past that you have associated with those thoughts. This way is how your subconscious protects and prepare you for fight or flight when you are confronted by those situations.

Conversely, if you consciously allow your focus to be on thoughts that are more rational and calming, then these negative feelings will subside or completely disappear.

Few people find it a bit easy to direct and focus their thoughts on the more positive side of life no matter the situation they are confronted with. Your success on being able to direct your focus depends on the kind of programming your subconscious and unconscious has had since you were born. Ask yourself for example, does your thoughts stray towards pessimism or optimism, negative thinking or positive thinking, happiness or anger or a middle ground somewhere. It is important to assess where you are right now so that you can start improving yourself.

One of the most important powers you have, is the ability of your conscious mind to direct your focus and awareness to create positive change in your life. This means that you must learn to control what you spend your time thinking about. You must manage what you focus on.

But how can this be done?

The ability to direct and focus your conscious mind is not all that difficult. It actually comes down to making a choice. This means that you must decide on how you will think and what kind of thoughts you will allow your mind to think about, this will determine your destiny. Depending on your end game, the result could go both ways; the skill of directing your focus could result in something good or evil, for constructive or even destructive means.

We can't control a lot of things in this world but one thing we are certain of controlling is our mental thoughts. We have total control of the kind of things we think about. It is very possible that a man is physically trapped in captivity in extremely subhuman conditions, yet still have freedom of the mind. Good examples of men who display this are Victor Frankl and Nelson Mandela. You alone can decide how you respond to the experiences that happen to you.

## Imagination of the Unreal

Visualization is the very important ability of the conscious mind. Your conscious mind is capable of imagining something entirely new and unique; something you have never experienced physically before. By contrast, your subconscious is never able to imagine something it hasn't experienced. It can only offer versions of the memories it has stored.

Memories of what it has experienced.

But the quite interesting thing is, that the subconscious cannot actually distinguish between what the conscious mind imagines and what it actually sees as real, therefore whatever is brought up by the conscious mind and intently focused on also brings up all the emotions and feelings that are associated with that image in your mind for you to experience.

Perhaps, you are dreaming of the day you will win a lottery or you have imagined in your head several times, the day you will be with that special someone that you love, then you would have felt the joy from having this thought in your head, even though, you know that logically, it isn't physically happening and it might not even happen for a very long time. But your subconscious mind doesn't see it that way, your subconscious will see it as if it is actually happening to you and will therefore offer those feelings and emotions that it has come to associate with those thoughts. This is truly a marvelous gift.

You can use visualization to create very amazing results. In a study conducted, three groups of people were tested on their ability to improve on their accuracy of free throws in basketball. These groups were tested at the beginning and end of the experiment.

Instruction was given to one group to physically practice free throws for a straight 20 days. The second group were instructed to not practice at all. The third group of players were instructed to spend 20 minutes in a day and in a relaxed state, imagine themselves performing the free throws. They were also taught and instructed that if they missed the free throws in their minds, then they should adjust their imagination slightly and see themselves getting the free throws the next time they shoot.

At the end of the experiment, the result obtained were astounding. The group of people that actually practiced every day improved their free throws by about 24%. As expected, those who didn't practice showed no improvement.

But the third group of people who had only imagined doing the free throws for 20 minutes every day showed a remarkable improvement of an astounding 23%-that is a very close number to those who had practiced every day. What this means is that you should not underestimate the power of the conscious mind.

## The Subconscious Mind

Your subconscious mind is like your mind's workstation. Being able to control, manipulate and direct, it is very important to your personal change.

From the illustration made earlier, your subconscious mind functions like the RAM in your computer. The RAM;

Random Access Memory, as earlier discussed is the short term memory of your computer and its function is to keep all programs and data that are in use currently so that they can be quickly and easily accessed by the computer processor. It's faster than all other types of memory such as the flash drive or hard disk.

Your subconscious mind works in a very similar way to the RAM and it is responsible for keeping short memories and the programs you use on a daily.

The Function of the Subconscious Mind

Apart from the fact that it is responsible for keeping short memory, the subconscious mind also plays a very important role in our daily functions. It ensures that you have everything you need to recall quickly and access them when you need it.

These things include:

- Memories: Such things as your telephone number, the ability to drive a car without thinking about it consciously and the groceries you need to get on your way home from work, etc.
- Current programs that you run every day such as behaviors, habits and mood.
- Belief system that you received information through to enable you to test their validity according to how you see the world.
- The meaning of the signals and sensations you receive from your environment.

If the subconscious mind doesn't filter the information that comes in, then such information goes straight to the unconscious mind; the storage place of the mind. The subconscious mind will then ask the unconscious mind to pull out from its archives whatever it has that has an association with the incoming information that will help us make sense of everything.

The subconscious mind is always active and is very much aware of your immediate environment than you think. In fact, every second, according to the NLP communication model, we are bombarded with over 2 million bits of data. If your conscious mind has to be the one to deal with all these information, then it will become extremely overwhelmed and will not be able to do anything.

But your subconscious mind doesn't allow this to happen, instead, it screens out all the information that it considers unnecessary and delivers only that which you need at the time. It does all these in the background so that you can go about your daily tasks without any hindrance. And that is not all, it does all these works in a logical manner based on the information it has access to in your unconscious mind.

And, as discussed earlier, the result is communicated into the conscious mind through emotions, feelings, sensations, reflexes, images and dreams, feelings, etc. It doesn't do this through words.

## The Connection to the Subconscious Mind

One of the truly interesting and great properties of the subconscious mind is that it takes and obeys commands. This is a property that should really be taken advantage of.

Many people think that the subconscious mind is in charge but that it is wrong. Your conscious mind gives direction to the unconscious mind and even provides it the environment in which it functions. The subconscious mind will only deliver the emotions and feelings you think about continuously.

This doesn't mean that if you think happy thoughts for one hour then you are going to be happy for the rest of your life. No, in a lot of cases, your default programs have too much energy attached to them to change instantaneously.

Also, understand that it is very possible that one event can still cause a change. The change can happen for example if enough pain is associated with the old behavior but if there is no major shift like that, it is likely that the old programs will still resurface.

## The Unconscious Mind

The unconscious mind performs a similar function to the subconscious mind because it also deals with memories. But both have their differences.

Even though the subconscious mind and unconscious mind have relationships between each other and often deal with things that are similar, the unconscious mind is actually the underground storage of all your memories, habits, and behaviors. It is the storehouse of all your deep emotions that have been programmed into you from birth. If you want change that is significant at the core level, then this is the level you have to really work on… but this is not an easy task.

What's the distinction between the Unconscious Mind and Subconscious Mind?

There has been a lot of debate over what term is correct, subconscious mind or unconscious mind?

Unconscious mind is what most Psychologists prefer and what Psychiatrists refer to the thoughts that are "not within the reach" of our consciousness.

This however should not be confused with what it means to be unconscious in medical terms which simply means being knocked out or anesthetized although both definitions do actually have similar qualities.

For instance, the unconscious mind, is the storage place for our memories that have repressed or that which we don't wish to recall.

An example could be a traumatic event that happened in our childhood but that we have blocked out. But this doesn't necessarily have to be so. It could be something as simple and distant like the first meal you had on your first day of high school or what the name of your neighbor's child that you played with several years ago is.

These are memories that we can't just pull out at will. It is there but we can't just pull it out no matter how hard we try to. Even though there are certain psychoanalytical methods that can bring back these memories, for example, hypnosis. It can also be triggered by a particular event such as, a scent or a familiar place, to name a few.

What we need to remember is that we cannot, by choice, remember anything in our unconscious mind without some special event or technique.

This is the unconscious mind.

The subconscious mind, on the opposite side is almost the same with the unconscious mind but the real difference between the two is that we can choose to remember our memories because our memories are very much closer to the surface and very easy to access when we apply a little focus.

The subconscious mind, on the other hand, is almost the same, but the major difference is, we can choose to remember. The memories are closer to the surface and more easily accessible with a little focus.

For example, if you were to be asked what your phone number is, then you would be able to produce it without even thinking about it consciously. What is interesting, is that the moments before you were asked about it, you had no conscious thought of it. But because this information has been stored into your subconscious mind, it is available for use whenever needed and since it is something you use regularly, the speed of recall is extremely fast.

If, on the other hand, you have another phone number that you don't use frequently, then that may be stored deeper in your memory and you might not be able to recall it on the spot when asked.

## The Function of the Unconscious mind

The unconscious mind handles the same tasks with the subconscious mind. We are talking about memory, habits, feelings, emotions, and behaviors. What separates these two minds however, is that the unconscious mind supplies the subconscious mind all the programs that it uses.

The unconscious mind is the repository of memories and experiences since birth. Our beliefs, habits, and behaviors are formed from it and are reinforced over time from it.

How you can use these knowledges to transform your life

If your aim is to change your life at the core, then you would need to do a lot of work on the programs that are present in your unconscious mind. There are many ways you can achieve this and if you have been paying specific attention to all we've been discussing, then you will understand that the conscious mind is the first place to start doing that.

By taking charge of your thoughts, directing your focus and employing visualizations, you can influence the kind of programs that your subconscious mind processes constantly. If you are able to do this often enough (and with enough emotional energy) then you will be able to start reprogramming how your unconscious mind represents your belief system.

When that occurs, you will be able to experience change on a very fundamental level.

It is actually a top down approach and essentially how your behaviors, habits and beliefs system were formed in the first place.

Endeavour to try it today.

The second function your conscious mind performs is, comparison. The information you have heard and seen about the latest smartphone goes immediately into your subconscious mind. On this level, this information is compared with all the information that you have stored about smartphone usage and experiences.

If for example, the phone you have come across has a significantly bigger screen than the one you use, your subconscious memory will inform you that there is a higher risk of the phone being susceptible to damage.

The conscious mind performs another third function that is, analysis which preceded the fourth function of deciding.

Your conscious mind functions in a very similar way as the binary computer which only makes two decisions— the acceptance or the rejection of data in making choices and decisions. It is only capable of dealing with one thought per time. Positive or negative. Or "yes" or "no." It engages in the sorting of information received and deciding which is relevant to keeping you safe.

So, if you are walking on the side walk and you heard a truck honking and can also see that it is moving closer towards you on the side walk, the knowledge that you have of the speed of a moving truck and the memory of the accidents that it has caused, tells you that you are in grave danger and that you need to make some decisions quickly. The question you will ask yourself first is this, "Should I get out of the way? Yes, No?

If you choose "Yes", then the next question will be, "Should I move to the side? Yes, or No? If your decision is "no," because you might fall into an open manhole, then the next question will be, "Should I make a quick run to the front? Yes, or no."

If your decision is a "Yes", then this message will be relayed to the subconscious mind and within a blink of an eye, your entire body runs forward with no extra thought or decision on your own part.

Since all your habits and acting are held in your subconscious mind, it tends to memorize your comfort zones and keeps you there. Your conscious mind is responsible for the uncomfortable feeling you get anytime you attempt to do any task that is beyond this comfort zone or that will establish new behavioral patterns. You can almost feel your subconscious mind dragging you from trying something new through fear and anxiety. Even the thought of something new will make you feel tense and uneasy.

This is why to be regarded as a strong man or woman, you must be able to stretch yourself out of your comfort zone. Strong people understand that the comfort zone is a rut and remaining complacent is tantamount to working against creativity and future possibilities.

For you to use your subconscious to your advantage, you must grow out of your comfort zone and overcome that feeling of awkwardness when you are doing things for the first few times.

Like the old saying: if it is worth doing, then it is worth doing well and more than that, it is worth doing poorly until you get the hang of it and develop a new comfort zone; a zone of higher competence.

Furthermore, your subconscious mind will act on any instruction you give to it and repeated thoughts and actions will take an imprint within it because it cannot distinguish between what is real and what is imagined and that is why words of affirmations can really help.

You can reprogram your subconscious mind by saying positive words of affirmation. You can say to yourself several times a day that,

"My subconscious mind is my partner on this journey to success." When you do this, you are re-educating yourself to the fact that you possess another powerful mind that, you are your partner in success. When you think about your subconscious mind as a helper instead of an abstract concept or figment of your imagination, you will be able to accomplish a lot in your life.

Thirdly, since you now understand how your conscious and subconscious minds work, you must learn to focus on the improvements you want to see in your life. Because your subconscious has no volition of its own and will act on what resides and vibrates within, it will begin to attract to you the conditions and circumstances according to the predominant thought patterns that reside within it.

## CHAPTER SEVEN
# THE SUPER-CONSCIOUS MIND

NOW THAT WE'VE discussed the individual aspects of the mind such as the conscious, subconscious and unconscious minds, let's look a bit deeper into how all these individual yet collective aspects of the mind all come together and harmonize with what we call the super-conscious aspect of the mind to create the various events, conditions and circumstances that we call our "reality".

We'll afterwards launch into a discussion of why it is important to become consciously aware of the individual quality of consciousness which we could say is of a "spiritual nature" and how it can form your beliefs, feelings and emotions which are more physical in nature.

This will enable you to have a deeper and better understanding as well as a significantly enhanced ability to attract and manifest the result you desire in your life intentionally and consistently in every area of your life.

The super-conscious mind is that aspect of our consciousness that is limitless and unbounded in nature and has been labelled as many things such as; Supreme Energy, Source, Universe, Universal Intelligence, Higher Power, etc.

In the scientific community, the super-conscious mind is referred to as The Unified Field. Whatever you choose to call it, is of no consequence and whatever view you choose to look at it from, explore or even study from, you will find that it inevitably leads back to the same super-conscious mind and for the sake of this discussion, we'll limit the many representations to the super-conscious mind.

The super-conscious mind exists as an infinite field of possibilities which is limitless and within itself contains every possibility from the infinitely large to the infinitely small and encompasses everything both micro and macroscopic. It comprised of all things physical and non-physical. The super-conscious mind all pervasive and exists within everything and everywhere. It is an infinite field without restriction.

Within this infinite field, everything that has ever happened in the past is stored and so is everything that is currently being created or that which may be created in the future. It encompasses things that have both been seen and unseen. One could say that the super-conscious mind is both omniscient and omnipresent.

Within this infinite and unbounded field of consciousness exists any and every outcome that could ever be conceived.

From a very strict physical perspective, meaning the existence of anything that exists in a physical state and can be witnessed and experienced by the physical five senses, within this infinite field of consciousness exists several material things from shack houses to mansions, supercars to jalopies and filthy rags to designer clothing.

The super-conscious mind also holds all the intangible things or things that are of spiritual characteristics.

There are no limits to these possibilities. The possibilities are infinite in nature and there is no such thing that doesn't already exist within it as a probability that it can be conceptualized in mind, regardless of the "perceived" enormity, it does exist also it does already exist as a probability and once conceptualized, the process which makes it "real" is initiated.

Whatever the mind can conceive as an ideal and held as a focused and intentional thought, can be transformed with action and must manifest itself in the physical, irrespective of what it might be.

Whatever is possible of conception in the mind, be it physical or not, already exists within the super-conscious mind as an already existing fact and only needs the correct and consistent focus of consciousness whether in an individual or collective manner to make it a physical reality.

When we explore the emotional side, we will discover that the super-conscious mind contains every feelings and emotions we can ever conceive. feelings such as love, joy, peace, patience, kindness, goodness, faithfulness, gentleness, self-control, doubt, worry, anger, contempt, greed, sadness, etc. Depending on which of these feelings you choose to focus on consistently through your individual consciousness, this is what will manifest and be experienced in physical form.

The super-conscious mind also contains within it; you, your family, your neighbors, your friends, your co-workers, to name a few. Since the super-conscious mind contains everything conceivable, in order to fully understand same, it is important to acknowledge that, all things whether seen or unseen can be broken down into their most basic form comprising of pure energy or light.

This is necessary if we agree and understand that the super-conscious mind and everything within it is made of the same stuff—energy or light.

This energy or light which serve as the fundamental building blocks for every conceivable outcome into the true self, and more specifically your consciousness which also exists within the super-conscious mind and is an integral part of it.

In a manner of speaking, your individual consciousness exists within and is a very important part of the big whole that we are referring to as, the super-conscious mind. Your conscious, subconscious and unconscious are collectively infused with and are part of the super-conscious mind. This means that your individual consciousness which is differentiated only by your inalienable right of free will and the right to decide your individual quality of consciousness which determines your thoughts, beliefs, emotions, and actions is the only thing that sets you and the super-conscious mind apart.

To put it mildly, what you are choosing to draw from your super-conscious mind, is determined by your individual ability to think, feel and act in the way that you choose. It is this choice that determines the kind of events, conditions and circumstances in your life and altogether make up your life experience.

In another way of saying this; you, exists as a very important part of the Whole (the super-conscious mind) who has gotten the inalienable right of free will to act as you want and choose for yourself what it is that you can draw from, the Infinite Field of Potentiality that is available to you.

But how exactly do you make this choice and use this free will? You make it by using your individual consciousness specifically through the quality of your predominant method of thinking and how you "see or perceive" reality.

When you are consciously aware of the choices you make, you start to see and understand that it is your individual "being" that plays the role of determining what is drawn from the super-conscious mind and what you experience in your life.

Regardless of what you may experience with your five physical senses of sight, smell, taste, hearing and touch, by digging a little deeper and giving some deep thoughts to the source of these physical things, you will discover that everything which has happened or existed or is currently existing or will ever exist again, began or started as a result of an initially held thought, ideal or belief.

It exists as result of consciousness.

Let's take a look at the physical objects that are around us, many of which we use today, so that, we can grasp more clearly the understanding that it is the combination of your individual right to choose combined with the existence of our super-conscious mind that provides you with the ability to both create and experience whatever it is you choose and are able to conceive as reality.

## An Analysis of the Super-conscious mind and the Internal Combustion Engine.

Take a good look at the car you drive or the bus you ride to and from work on a daily basis. Where do you think it came from? The factory? Okay great. Where do you think the factory come from? Where do you think the car parts come from? What about the robots that built the car, where do they come from? Where does the factory structure come from? The thing is, even though you can see all these things in physical form, they must have existed somewhere before they made their way to the physical realm. Someone must have conceived them as an ideal.

Let's go back down memory lane to Henry Ford who developed the first internal combustion engine. Before it was manufactured and can be seen in the physical realm, it only existed in Ford's mind as a thought, an idea or concept which before it was actually created, only has as a "probability of existence".

The well-known specialists of that field and of that time attempted to convince Ford that they could not bring into reality what he envisioned for them. For how could they bring into physical reality what they cannot envision? Yet, Henry Ford wanted them to "just do it".

He had already conceived in his mind that the internal combustion can be a reality. It wasn't yet real at this time because it hadn't been made physical, but it exists somewhere.

Where is this place?

This place is the Infinite Field of Potential or The Super-conscious mind.

The car could not materialize into the physical until someone, who in this case, Henry Ford had the vision— a very high level of consciousness to think that the conception could be manifested in the physical. Before the ideal was established in the mind of Henry Ford, the reality of using an internal combustion engine only was a probability because it wasn't yet a reality.

It was when Henry Ford thought of it and conceived it as a possibility and then aligned through correct thought and appropriate emotions that enabled it to manifest, that it became a reality in the physical world.

The original thought and individual quality of consciousness that Henry

Ford had was transformed from "pure consciousness" to thought that resulted in an ideal or conceptualization which also resulted in action and the consequent creation of an automobile. The original thought that led to the production of the internal combustion engine was gotten from a realm that is unseen or that is spiritual.

What is this realm? It is the realm of The Super-Conscious mind.

Let's think about it much more deeply and look at it from a personal viewpoint.

Just before Henry Ford originally held the thought or ideal responsible for the physical manifestation of the internal combustion, the thought existed somewhere. Even though the thought only existed as a probability of existence, it eventually became a reality and this has become a reality that we cannot do without today.

But the super-conscious mind is not limited to the internal combustion engines and Ford.

You can find several analogies of its workings in almost anything that you can see in the world from airplanes to books, to nuclear power, to PC, to Internet, etc.

Everything began from somewhere and they didn't materialize all of a sudden or appear by magic. They all came from somewhere in the minds of those who received the credit for these creation which took from the super-conscious mind originally held thought, ideal or conceptualization.

The inventions and products of creative imaginations that we enjoy today began and were made "real" because of individual consciousness.

These things happened due to individual quality of consciousness which first began as a broadcast of frequency of energy and sent into the super-conscious mind. Due to the unwavering plan of creation or the universal laws which govern creation, what began as nothing more than a conceptualization, manifested into the physical and becomes a part of our lives.

So the super-conscious mind is a heightened level of awareness that sees physical reality and also the energy and consciousness that's behind that reality.

The super-conscious mind is the seat of creativity and the creativity that comes from the super-conscious mind is different from those that come from the sub-conscious. The super-conscious is the seat of ideas and great works of art, music, prose, poetry, great scientific discoveries and deep spiritual experiences.

Through the super-conscious mind, we understand that thoughts are not individually rooted but universally. This means that when we elevate, our consciousness and access our super-conscious, we access the thoughts that reside on that level of consciousness. These thoughts are not ours but they are available to people who reside on that level of consciousness.

The converse is also valid. If we only live on the level of conscious or sub-conscious mind, then the kinds of thoughts we process will be on those levels.

Speaking more generally, the conscious mind sees everything as a separate entity from one another. A human is only a body. A car is only a car and nothing more. It holds a very simplistic view of the world around it. While the super-conscious mind sees everything as made of energy and consciousness and is therefore capable of seeing the underlying unity beyond the outer form it exhibits.

# CHAPTER EIGHT
# YOUR EGO AND YOU

MAX PLANCK DEFINED ego as the immediate dictate of the human consciousness. Ego is that part of us that creates the beliefs we hold about ourselves. It is a mix of our rational, moral, and instinctual abilities. It is your thoughts and belief sets. It is your memories. The ego is very important in the discussion of the self, it is that part of you that thinks and feels the "I am me" part of your mind.

In many literature and discussion, the ego is usually discussed in a negative context and thus is given negative connotations. It is usually discussed as that negative and selfish feelings you have about yourself.

But ego can be positive too. It can be honest, kind, selfless and giving. Ego is all-encompassing and contains both the negative and positive aspects of your personality.

What Role does the Ego play in our lives?

The ego is very important in helping us maintain a distinct but illusion of the self. Without the ego, we cannot thrive in the world we are living. The ego is needed for growth if used constructively. The ego has its own voice and speaks to the self, but many do not hear this because they do not know how to listen.

The ego may attempt to communicate through self-talk, like "You call her, she'll just think you are sorry" or steer us in the positive direction by saying, "Pick up the phone and call her to at least find out what went wrong". Ego can be the voice of reason in that it can subtly communicate with the instinct that something isn't right.

The ego; a part of the self does not only have a hold on our intuition but is also capable of training itself. It is capable of communicating to us when we are about to make dangerous and regrettable decisions that we need to slow down and be more reasonable before we do something harmful to ourselves or other people. It can also be a source of help in tracking behaviors that we need to change.

## The Problems Caused By Our Ego

Would you continue to stand in front of someone who is heaping and delivering heaps and heaps of unhealthy, insane and abusive words on you? Maybe you would. Maybe you wouldn't. Perhaps you would reply with a vitriolic attack too. Probably you would pray for them. Or, you would consider it healthy to just shut your mind and ears and disconnect yourself from all the things they are saying. It depends on how you can endure things and what the nature of your ego is.

But whatever the case may be, there is no need to stand there and accept whatever negative things such a person may be saying to you. There is no need for you to stand there and accept whatever damaging version of yourself that someone is trying to dump on you. If you know who you are and are convinced about what you stand for, then there is no need to convince others about you and what you represent. If they don't understand it, then they don't.

You must understand that if you engage in arguments with an abusive individual, you will get damaged and if you are damaged, you will have a problem with setting boundaries.

You should also know that just as an abusive individual is damaging, so can your own ego be, if left unchecked. Your ego, like an abusive individual who simply doesn't get it will keep coming back at you again and again projecting fear and doubts in your mind.

People's understanding of ego is that it is an arrogant and bombastic behavior, but what many don't realize is that an unhealthy ego acts by constructing false self as cover up for feelings and thoughts of unworthiness and doubts that the world doesn't get to see.

## Understanding Strong Ego

There is nothing wrong with having a strong ego until it starts to place the needs of itself over that of others and even execute what it considers priorities at the expense of the body, the mind, and even other people.

A strong ego has an overdose of confidence in itself and becomes an issue when it faces a situation that challenges the environment in which it operates freely. That is to say, a strong ego becomes a problem when it is challenged by change. The ego may be convinced and actually right but in order not to hurt itself, it should always strive for continuous self-improvement.

A strong ego in itself is not bad and should therefore not be perceived as such. A strong ego only presents a problem when in order to satisfy its needs, neglect the needs of others and even cause harm to them.

What makes a Healthy and Strong Ego?

A healthy ego is balanced. It can exhibit confidence, craziness and playfulness. It can also be withdrawn and creative without being self-absorbed and uncaring about the needs of other people. A healthy ego is perceived as being gentle and kind. It is sacrificial and will often put other people's need above its own without causing harm to itself anyway.

A healthy ego may live fast and attempt to break boundaries but it will do so while still respecting the feelings of other people and not causing harm to them through its actions. A healthy ego does not cower or respond with aggression when confronted by change.

## What about a Big Ego?

The big ego is a problem to everyone because it is consumed by itself and suffers as a result. It will do everything for itself at the expense of other people. How do you know you have a big ego problem? Just try to answer the following honestly.

1. Do you make a show when things don't go the way you planned?
2. Do you struggle to empathize with others?
3. Do you love yourself to the extent that people around you consider it too much?
4. Are you always getting angry at the actions of people?
5. Do you always consider the benefit you stand to gain first when taking actions that involve others?
6. Do you worry a lot about how people view you?
7. Have you been told many times that you are mean, spiteful and disrespectful?
8. Do you derive some pleasure in making some people feel miserable?
9. Do you think being very competitive lead to emotional dysfunction?
10. Do you try to fight perceived threat with gossips and lies?
11. 11.Do you have trouble accepting the opinions and vies of other people?
12. Do you believe your happiness is dependent on how other people see you?
13. Do you think that you are on your own in life?
14. Do you put on a front so that others may like you?
15. Do you fear that people who love you can hurt or control you?

16. Do you find it difficult to encourage other people?
17. Do you feel defensive when confronted with issues?
18. Do you often look at life as 'what can I get' rather than 'what can I give?'
19. Do you struggle to take responsibility with humility when you make a mistake?
20. Do you judge negative things that show up in your life and have trouble understanding the gift?

Don't consider yourself a bad person if you answered yes to any of these questions, it could mean that you have an ego issue and that can be easily taken care of. Some people consider big ego as a narcissistic behavior and occurs when the ego has an insatiable appetite.

The ego is not satisfied with what it has but instead wants more and more. Being vengeful, jealous, unforgiving and perpetually angry are unhealthy signs that our ego is overly attached to our desires. It's as if we are saying, "Well, since I didn't get what I want, I will make sure I create enough problem for other people too"

## Marking Scheme

### Score of 15+

This means your ego is getting the better part of you. You are probably experiencing great feelings of separation from happiness and other people that matters in your life. It may also mean that you are critical and judgmental of yourself which means you have to do a lot of serious work to appreciate yourself. There is even the likelihood that you experienced a childhood filled with pain. As a way forward, you must engage in selfwork and self-healing because if you don't do this, nothing will change.

**Score between 10 and 14**

You may have experienced some wins in your life, but it is likely that these wins will be transient. Your life may be a mixture of good feelings and extreme disappointment, especially when you feel that life isn't giving you what you wanted. You must work on self-healing and let things take their natural course and happen rather than you making effort to ensure that you get the result you desire at whatever the cost.

**Score between 5 and 9**

The judgement of the self, life and others is causing a problem and pulling you back. You must learn how to take responsibility for the outcomes in your life, this way, you will be able to improve your life.

**Score between 1 and 4**

You are not perfect and as a human, you may still struggle with your ego. Even though you don't hold people responsible for your actions, you may wish to dissolve the last pieces of your unhealthy ego to become happy and successful.

**A Score of 0**

Congratulations! The world needs more of people like you. If you are able to consistently hold this space of self-reflection and responsibility, then you are truly and abundantly blessed. Keep doing this and become a shining light to other people in the world.

## Maintaining a Healthy and Strong Ego

Like in our earlier discussion, the healthy and strong ego is not bad. What is bad is when the strong ego starts manifesting itself as an obsession of self-image and is always looking to prove itself. A strong ego gone wrong will show itself when it wants a certain thing to happen irrespective of whatever the impact is to others. It may feel superior and when that superiority is not acknowledged or recognized, it becomes a scary monster that no one wants to relate with.

An unhealthy ego might get joy in blaming others. It tends to derive pleasure from not taking responsibilities and instead blame other people for negative outcomes.

At this point, it is important that we are clear on one thing. The way we feel and think is our doing and we should not blame others for what we have control over.

In this discussion, the single most important thing to note is, that ego problems cause everyone to suffer, the owner of the ego inclusive. The power to control how we think, lies squarely with us and by operating with virtues, we can do ourselves and the people around us great service.

The ultimate aim for us is to have a healthy ego that has a balanced attachment to itself. The attachment should be a functional one and not

## CHAPTER NINE
# WHAT MODERN SCIENCE TEACHES ABOUT THE TRUE SELF

ACCORDING TO THE result of a recent research published in Social Psychological and Personality Science, there is a direct correlation between belief in free will and the manifestation of the true self.

In two studies conducted by researchers at Texas A&M University where people's belief in free will was manipulated to see how it would affect their sense of authenticity, their sense of self. They found that when you diminish a person's belief in free will, they will feel less like their true self.

Previous works have shown that knowing and understanding one's true self, boosts one's self-esteem and gives meaning to one's life. On the other hand, feeling alienated from one's true self is related to anxiety, depression and decision dissatisfaction.

The result of other researches have indicated that when you minimize a belief in free will, you can kick start habits like cheating, aggression, and conformity and decreased feelings of gratitude.

In the research conducted by the team at Texas A&M University, about 300 participants were chosen in no particular order and instructed to write about experiences that reflected free will or showed a lack thereof. This was done to influence the feeling of free will.

It was shown that those people who belonged to the low free will group, showed significantly greater feelings of self-alienation and lower self-awareness than those in the high free will group.

In a follow-up pre-registered study, a group with similar size as those in the previous study were subjected to the same free will manipulation but were allowed a choice: keeping money for themselves or donating the money to charity. After they had made their decisions, the researchers then told them to report their feelings about the decisions they had made. Participants that belonged to the low free will belief group reported authenticity during the decision-making assignments than their counterparts who are in the high freewill group.

The researchers concluded that, part of being who you are, is experiencing a sense of urgency and feeling like you are in control over the actions and consequent outcomes in your life. This means that if we are able to experience these feelings, then we can come closer to the understanding of the true self.

When we possess low belief in free will and do not 'connect' with who we are—who our true self is—we tend to act as if we have no moral compass. This is especially important if our goal is to improve the quality of our life and the people that surrounds us.

## Goals and The True Self

A theory called the "self-concordance theory" assumes that the most important thing we can do to bring out our true self is to pursue the goals that are right for us. That is, if we choose the wrong goals—goals that do not really reflect who we really are, what we care and are passionate about, what we are good at—then even if we in some ways achieve those goals, then we won't truly feel happy or fulfilled.

Look at the following set of questions about setting goals or making plans, how do you feel about it?

**Set A:**
1. Do you often feel ambivalent about your goals?
2. Do you observe that you can't just seem to pull through on your goals?
3. Do you let your own goals or plans suffer when you are talking to other people?

4   Are you always under pressure from other people to pursue your goals?

5   Do you feel like you are under constraint to pursue certain goals (perhaps you would have loved a degree in lab science but decides to go for medicine because it pays better?)

6   Do you feel guilty when you are not able to achieve a particular goal or see a plan through? Or do you feel differently?

**Set B:**

1   Do you really love chasing after your goals or plans?

2   Do you feel passionate about what you do? Does it feel like you are doing what you are really made to do? Does what you are doing feel like who you are?

3   Do you find interest in what you are doing? Does it have a meaning for you?

4   Does what your goal challenge you and make you better?

5   Does what you are doing, engaging that even if it is not financially rewarding, you'd still be doing it?

6   Are you in tune with the way you feel about your own growth rather than other people's evaluation of you?

If questions in set B more accurately defines you than those of set A, then you are more in tune with your true self.

Trait mindfulness can be defined as the general disposition to be attentive to one's feelings, desires, sensations and emotions—to simply observe one's reaction and emotions rather than being pulled immediately into action or reaction. The result of studies conducted has shown that, people who are mindful and pay attention to their feelings are very likely to chase after goals that are in tune with the kind of person they truly are.

In the same vein, people who follow their intuition rather than trying too much to rationalize, are very likely to do better at selecting goals and pursuing plans that are right for them.

The theory of self-concordance as previously discussed is more about you than other people. However, you must have the understanding that the people you surround yourself with can either make it easy to discover your true self or stand in your way for doing so.

Perhaps, you are exceling in your workplace because you are serving under a boss who sees things from your perspective and offers you choices while trying to provide meaningful rationales for any advice offered.

In sports, this is also true. In the studies of athletes at different levels, researchers have found that the type of leadership style in use plays a very huge role at the highest levels. A supportive coach may be very important to elite-level athletes so they can constantly be in touch with their inspiration to compete.

In our daily lives, some of us might be very lucky to have friends, associates or relatives who know us very well to steer us in the right direction when we are missing our way. They might be able to see the destination even before we start out and advise us on the best course of action.

## Neuro-Theology

Neuro-theology can be defined as the effort by scientist to explain spirituality in terms of neural network, neurotransmitters and brain chemistry using powerful brain imaging technology. Scientists want to find explanation for spiritual experiences, measure them and even reproduce them.

The brain is wired in to have spiritual experiences and this study is very important because unless the world is coming to an end today, spirituality will be a subject that will be discussed for a long time.

One of the researchers in this field, Andrew Newberg, a Philadelphia scientist conducted an experiment by taking the brain scans of Tibetan Buddhist meditators as they sat immersed in contemplation.

He conducted the experiment by injecting the meditators with a radioactive dye shortly after they had gone into a deep meditative trance. Patterns of the dye's residue were then analyzed by converting them to images.

The result of the experiment showed that certain areas of the brain were altered during a meditative state. Predictably, these areas included the frontal part of the brain which is primarily involved in meditation. Newberg, also found that there is decreased activity in the parietal lobe, one of the brain parts that helps orient a person in three-dimensional space.

Newberg stated that, when people encounter spiritual experiences, they are attuned to and become one with the universe and lose their sense of self. This may be because of what is happening in that area—if you block that area, you tend to lose the boundary that exists between the self and the rest of the world. In doing this, you end up in a universal state.

The study employed the use of Single Photon Emission Computed Tomography (SPECT) imaging. SPECT imaging is used to image the brain and determine which of its areas are active by measuring the flow of blood through it.

In the experiment, the front part of the brain which is usually involved in focusing attention and concentration is more active during a meditative state and this only makes sense because meditation needs a high degree of concentration while it was observed that the parietal lobe experiences a decrease in activity. This parietal lobe is what's responsible for our sense of orientation in space and time.

## CHAPTER TEN
# THE TRUE SELF AND THE BRAIN

IF WHAT WE'VE been discussing so far has struck a chord in your mind for you to do a quick Google check of what "True Self" is, you will find that there are quite a number of concepts explained Online.

But in this discussion, we are talking about how to discover the, "True Self," so you can grow and develop to your true potential. We will therefore not bother ourselves with a lot of confusing academic concepts that may often not have practical applications.

In the discussion of the, "True Self," a very important question to ask is this: is the true self reflected in the decision we make based on our natural urges or on those made on our rational reflection?

If you are a philosopher, you will be tempted to argue in favor of rational reflection but if you aren't you might think that our "True Self" is a representation of our natural urges.

Well, both are probably right.

The "True Self" is represented by many things and it is quite difficult to explain it away by thinking that one thing represents it.

Many, for example, neuro-essentialists will argue that the, "True Self" is the sum of the total activity of all the constituent element of the brain.

If you agree with this view, of course, then you may agree that the true self can be a representation of the rational reflection and natural urges.

But there's a problem.

Often times, there is a conflict between rational reflection and natural urges that results in cognitive dissonance which for example manifests in an addict. While on rational reflection, they want to quit drinking but on following their natural urges, they pop the next bottle of alcohol and down it. Such a cognitive dissonance is very common in life.

This issue becomes very clear when we consider the issue of autonomous decision-making. When we talk about autonomous decision-making, we often depend on different set of terms that basically describe the same process: first and second order desires. First order desires stand for natural urges and second order desires represent rational reflection.

Trying to align and balance our first and second order desires is what we think of when we make decisions that appear autonomous. But truly, there is no perfect alignment and it appears that what happens is that different first order desires compete for superiority and the rational reflection weigh them for importance. And of course, the one that appeals the most to rational reflection gets to be exhibited. It appears that in making an autonomous decision, rational reflection only serves the purpose of authenticating this decision.

That is to say that when we authenticate a decision, we commit to a line of action. But sometimes, the information used in evaluating such decisions may very well not be perfect.

Some of the information we use to make decisions based on rational reflection may very well come from first order desires and this could make things very well messy.

Look at a real life example from a PNAS paper whose abstract reads,

"Are judicial rulings based solely on laws and facts?

Legal formalism holds that judges apply legal reasons to the facts of a case in a rational, mechanical, and deliberative manner. In contrast, legal realists argue that the rational application of legal reasons does not sufficiently explain the decisions of judges and that psychological, political, and social factors influence judicial rulings. We test the common caricature of realism that justice is "what the judge ate for breakfast" in sequential parole decisions made by experienced judges.

We record the judges' two daily food breaks, which result in segmenting the deliberations of the day into three distinct "decision sessions." We find that the percentage of favorable rulings drops gradually from 65% to nearly zero within each decision session and returns abruptly to 65% after a break. Our findings suggest that judicial rulings can be swayed by extraneous variables that should have no bearing on legal decisions."

Now, the extraneous variables talked about in this study are first-order desires.

It is good to understand that responding to first-order desires is not always a bad idea. For example, those first order desires are very important because they are very critical to our daily survival. Some are even shortcuts that we have mastered, to free up our brain for other important matters.

But it is also important that the problem becomes deeper when we realize that the information we use in evaluating our decisions even though it is functional, may not necessarily be our own. Things begin to get very interesting when we realize that events and happenings in the world affect our decision-making and can do so without us being aware of them.

Much of our brain activity is involved in unconscious processing. But if a lot of our brain activity happens without our knowledge and it affects the 'rational' decision we make in the future, how can we ever then say the decision is ours? This poses a challenge to the understanding of the true self.

Can we then say our decision making is affected by all of our internal urges, whether they are base or morally upstanding, rational or emotionally tinged? One thing is sure, our brain is bombarded regularly with ideas, concepts and observations that's not ours incorporated into our brain synapses. When we think about this deeply, it will seem that identifying our true self is a bit constrained. Unless our brain is just ourselves and we are whatever our brains are doing.

# CHAPTER ELEVEN
# THE TRUE SELF AND THE FALSE SELF

I F DURING OUR early-childhood, we receive a nurturing that is healthy holistically, it usually appears like we develop a sub-self that tends to act like a naturally-talented pianist, a gifted coach or a visionary chairman.

This sub-self can see far and wide and enables us to consistently make decisions that are healthy and balanced depending on the input that our six senses give us.

In a very good case, our evolving brain and developing body receives direction and coordination from this sub-self that is so highly-skilled. Let us call this the "True Self."

When the "True Self" is in control, people report a mixture of feelings that make them feel grounded, calm, purposeful, optimistic, strong, content, alert, aware, alive, resilient, centered, secure, potent, and compassionate.

Have you felt this before?

But if at a very young age, we experience an obvious and significantly unhealthy holistic nurturance such a consistent physical and sexual abuse which leads to emotional trauma, then we tend to develop a different kind of self. For people who experience this kind of nurturance, their "True Self" may be overwhelmed, subdued or even blocked from developing and directing their actions by another well-meaning but limited and impulsive personality. When this personality dominates the "True Self," they form what is called the False Self.

The dominance of the false self is often considered normal and widespread and promotes growth vs. growth. Think about the action of the false self as a disgruntled lead tenor, pushing off the talented conductor off the podium in a bid to lead the orchestra.

You must understand that if you are being controlled by the false self, you won't see it as abnormal. And you probably won't believe that there is a self in you that can help you make wiser and healthier decisions consistently.

Being controlled by the self has a very powerful personal, marital, parental, and social implications and therefore should be given attention quickly. But once it is understood and admitted, the false-self dominance and psychological wounds can be very much reduced as time passes through self-motivated personal recovery. In no time, the "True Self" will become empowered.

Take a look at the following below and use it to profile yourself or someone else you know.

## True Self Behavioral Traits
- Alert, awake, aware
- Generally in a light or good mood
- Usually optimistic in the face of reality
- Focused, clear, and centered
- Kind and compassionate
- Strong, firm, confident
- Serene, calm, and peaceful
- Focused and delays gratification
- Considers long and short-term payoffs
- Usually patient and committed
- Appreciative and grateful
- Empathic and sensitive
- Spiritually open and connected
- Consistently self-nurturing
- Respectfully assertive
- Socially engaged and active
- Physically healthy, exercises and gets enough rest
- Spontaneously expressive of all emotions in real-time without anxiety, guilt or apprehension
- Able to form real and genuine bonds with others
- Able to judge who to trust or distrust
- Realistically self-responsible
- Realistic about life and situations

- Spontaneously able to exchange love
- Often able to forgive other people
- Seldom gives double messages
- Able to grieve losses spontaneously
- Looks for self-guided people
- Living a life of purpose and meaning
- Work, play and rest are generally balanced

## Common False Self Behavioral Traits

- Fuzzy, distracted, unclear
- Pessimist and/or idealist
- Feels heavy and gloomy
- Unable to stay focus on task
- Indecisive, worried and doubtful
- Upset, scared, angry and guilty
- Inability to focus for long
- Cannot delay gratification
- Acts on impulse
- Bitter, jealous and resentful
- Arrogant and selfish
- Disrespectful, scornful and skeptical
- Dishonest, indirect and controlling
- Relies on drugs and medications
- Physically unfit and unhealthy
- Difficulty forming true bonds with others
- Blocking out feelings or not expressing all emotions
- Timid and aggressive
- Withdrawn and unsocial

- Timid and overly apologetic
- Lives in denial
- Has trust issues
- Difficulty experiencing real love
- Uncomfortable accepting deserved praise
- Difficulty forgiving others and self
- Often gives unclear messages
- Unclear about life's purpose
- No balance between life and work

# A FINAL NOTE

THE FOLLOWING STEPS summarizes the processes involved in discovering "You and Your True Self" so that you can live to your true potential in life.

1. Understand Your Personality

At the self-discovery is understanding your personality. The "who" you are. While you may think about the collective opinion of others about you as who you truly are, that is simply not always true. Using all that has been explained in this book. You must seek enough information about who you truly are, what your personality is like and the kind of person you are in both your private and public moments. You must understand your likes and dislikes and what makes you react the way you do when confronted with certain life situations. You must be able to introspect deeply and ask yourself, "Why did I do that?"

You should also provide answers to questions such as: who are you behind your name? What are your characteristic traits? What are you really like on a good day as well as a bad day? How do you react to the world that surrounds you?

2. Understand Your Core Values

Your core values are the principles that you hold dear and dear to your heart. Your core principles play a very big role in the decisions you make. Those values for example, play a great role in situations such as decision making, influencing, persuading, conflict-resolution, etc. They should be values that you can never compromise on for example, honesty, security, flexibility, truthfulness, punctuality, etc. Do you value dedication to your job, wisdom and learning, socializing, financial freedom, loyalty above excellence, duty over personal pleasure, patriotism over ambition, or innovation over improvement?

3. Understand Your Body

Learn more and understand your body. Push it beyond limit and you will discover a new high about yourself. You will find happiness and delights. How well do you know your body, breathing, physical abilities, limit of ability and flexibility? Don't say your body can't accomplish without putting it to test, before you shut the door on beautiful possibilities. Take the time to become very intimate with your beautiful temple, your body.

4. Discover Your Dreams

Your dreams are the channel to your future. They are responsible for building your life. Go after your dreams and don't believe and accept anything else. Get to know your dreams in details. Get the specifics. If your dream is to be a Software Engineer, know exactly what it takes to be a Software Engineer. What software would you need to learn? What books or communities would you need to consult? What level of proficiency would you need to attain? How big a part of your life would this be? You must ask these questions and seek answers. Make your dreams part of your daily tasks and take them like they mean the world to you. Work at them day and night. Take pride in them and never be ashamed of them.

5. Understand What You Like And Don't

What do you like? What don't you like? These questions might be simple on the surface but they are actually deep and should not be taken lightly. A lot of people go through life confusing what's popular for what's likable, but that is just plain wrong. You must not do that. Take time out to defend what you like and what you don't. Don't put it to a vote. Find out how it actually affects you. Sometimes, it could be difficult to defend what you dislike and it may often take guts.

For example, turning down the invitation to yet another baby shower or visiting a distant relative. But take a second look at the alternative. If you are consistently doing what frustrates you and neglects what brings you joy, then you risk giving up a part of who the true you is.

It is not a viable road to happiness whichever way you choose to look at it.

Finally, being able to know "You and Your True Self" enables you to drill well into happiness and reach depths of fulfillment, even in stormy periods. Congratulations on completing this journey! If you did not get your copy of my first book, "Thirty Days to Transform Yourself" it's very important that you do so and apply the strategies therein.

www.ingramcontent.com/pod-product-compliance
Lightning Source LLC
Chambersburg PA
CBHW070243100426
42743CB00011B/2107

# ESPERANDO TU LLEGADA

Una fe puesta a prueba

# ESPERANDO TU LLEGADA

Una fe puesta a prueba

YULIMAR YANEZ

**Portable** inspira

**ESPERANDO TU LLEGADA**

Una fe puesta a prueba

© 2025, YULIMAR YANEZ

©Segunda edición 2025 por Indie Media Editores, S.A. de C.V. Guanajuato 224, Interior 205, Colonia Roma Norte, Ciudad de México, C.P. 06700

Portable Publishing Group LLC,
30 N Gould St, Ste R, Sheridan, WY 82801,
Estados Unidos de América.

www.editorialportable.com

Grupo Editorial Portable ® es una editorial con vocación global que respalda la obra de autores independientes. Creemos en la diversidad editorial y en los nuevos creadores en el mundo de habla hispana. Nuestras ediciones digitales e impresas, que abarcan los más diversos géneros, son posibles gracias a la alianza entre autores y editores, con el fin de crear libros que crucen fronteras y encuentren lectores.

La reproducción, almacenamiento y divulgación total o parcial de esta obra por cualquier medio sin el pleno consentimiento y permiso por escrito del autor y de la editorial, quedan expresamente prohibidos. Gracias por valorar este esfuerzo conjunto y adquirir este libro bajo el respeto de las leyes del Derecho de Autor y *copyright*.

ISBN: 978-1-958053-64-5

 ÍNDICE

13  Prefacio

15  El comienzo

18  Un nuevo aire llegó a mi familia: tiempo de avivamiento

20  Nada aún

22  Esperando ando

26  Depende de Dios

29  La afrenta

41  El tiempo sigue pasando

43  2018: año de grandes acontecimientos

45  Otro acontecimiento trascendental, para nada esperado

48  Tengo cáncer

50  Y ahora toca dar la noticia

53  Contra todo pronóstico, dios tiene la última palabra

59  ¡Ahora sí! Empezó todo

62  Cambio de look obligatorio

65  Navidades y quimioterapia

67  Descuida, no me voy a romper

70  Tercer ciclo de quimioterapia

72  Cuarto ciclo de quimioterapia

74  Quinto ciclo de quimioterapia

76  Sexto ciclo de quimioterapia

79  Operación, mastectomía bilateral doble

83  El postoperatorio no esperado

88  El injerto

91  Falta un poco más

93  Un cumpleaños nada habitual

94  Es cuestión de tiempo

96  La esperada y no tan anhelada radioterapia

98  Llegó diciembre

99  Con muchas razones para estar agradecida

**102**  Sigo viva

**103**  El tiempo de la primera vez, otra vez

**105**  Otro diagnóstico más

Al dador de la vida, a aquel que de un vientre estéril puede producir vida. «Porque nada hay imposible para Dios»
Lucas 1:37

A ti, amado mío, que junto a mí has esperado tan anhelada llegada.

# PREFACIO

Transitando el camino entre la fe por la promesa de tu llegada y el dolor de la desesperanza por el tiempo que has tardado en llegar, he decidido escribirte a ti, pequeño mío, y a los que vendrán después de ti o junto contigo. Nunca pensé que tardaría tanto en conocerte, ni que viviría un carrusel de emociones en una espera que parece interminable. No imaginé que viviría la agonía que han vivido muchas mujeres que anhelan con todo su ser llevar vida dentro de sí, pero que, por una u otra razón, sufren mes tras mes la triste realidad de un vientre vacío. Sin embargo, si de algo estoy segura, es que, mientras hay vida, hay esperanza; y mientras esté viva, seguiré esperando tu llegada, porque la alegría de tenerte en mis brazos borrará el dolor de la espera.

Desde ya tu llegada ha sido una enseñanza de vida, hemos experimentado muchas cosas, sin conocerte ya te amamos y te esperamos con ansias. Quiero que sepas todo lo que pasó antes de que nacieras y cuánto te anhelamos. Quiero transmitirte mi experiencia en este proceso, porque, cuando estés aquí, la alegría y el gozo por tu presencia borrará todo sufrimiento y desesperanza.

**Te amo, hijo amado, y aun hoy sigo esperando tu llegada.**

# EL COMIENZO

Desde antes de cumplir los diez años, tenía planificada mi vida. Ya en mi último año de primaria decidí que quería ser una profesional, una mujer independiente y exitosa; y me preparé para ello estudiando para obtener buenas calificaciones y tener un cupo en una buena universidad, lo cual logré. Estudié en una de las mejores universidades para la época y me gradué con buen promedio. En esa universidad obtuve mi primer título universitario y, el último día de clases, un novio que, cuatro años más tarde, se convertiría en mi esposo y tu padre.

Lo tenía todo planificado. Me gradué en una carrera corta recién cumplidos los veintiún años. Quería trabajar e independizarme, viajar y disfrutar la vida, casarme y seguir estudiando; así que, cuatro años después de graduarme, me casé. Tuvimos que superar varios obstáculos para ello: cuando faltaban dos meses para la boda, me despidieron del trabajo por reducción de personal; y, por si fuera poco, a solo dos semanas, me dio dengue hemorrágico, lo cual complicó aún más los planes. El dinero que recibimos en regalos lo gastamos en mi hospitalización, ya que mi salud se vio comprometida.

Nunca nada me fue fácil. Siempre me tocó enfrentar retos para llegar a la meta y esta vez no fue diferente.

A pesar de los imprevistos, mis planes de vida continuaban, solo que no de la manera esperada. Había logrado mi independencia y vivía en mi casa lejos de la ciudad. Aunque inicialmente no tenía ni muebles y era alquilada, era mi lugar, mi espacio, mi territorio. Allí crecí como persona y allí empezamos, tu papá y yo, la aventura de vivir en pareja. Nuestro sueño era tener una casa propia y nos propusimos trabajar en ello. Así que lo sacrificamos todo, especialmente las vacaciones, para lograr ese fin. Adicionalmente, yo tenía otro sueño: seguir estudiando y obtener mi título de ingeniería. Así que me inscribí en la universidad y volví a estudiar de nuevo.

No teníamos mucho tiempo. En nuestros planes inmediatos no había bebés. Estábamos muy ocupados. Ninguno de los dos nos sentíamos preparados para eso. Así que nos propusimos tener la estabilidad de una casa propia para empezar y disfrutar más el matrimonio antes de emprender esa empresa. Para mí era importante cultivar la relación de pareja, para que, cuando llegaran los hijos, esta no se debilitara por las nuevas responsabilidades; sino que, por el contrario, se fortaleciera.

Por la experiencia de gente cercana, tenía la idea de que, después del nacimiento de los hijos, todo cambia drásticamente. Pasamos a ser responsables de un nuevo ser que depende totalmente de nosotros. Dejamos de ser nuestra principal prioridad, los sueños personales pasan a un segundo plano. Yo no quería ser una madre frustrada que, por tener hijos antes de tiempo, no se desarrolló a nivel personal y profesional. Pensaba que todavía tenía mucho por hacer antes de pensar en hijos.

Así que ante la pregunta que siempre hacen a los casados «¿Cuándo van a tener hijos?», tenía las siguientes respuestas: «Después de que tengamos casa propia». Cuando ya tuvimos la casa: «Después de que cumpla los treinta»; y, por último, cuando ya había cumplido los treinta: «Después de obtener mi título».

En ese tiempo, antes de graduarme, pasó algo que no estaba planificado. Mi reloj biológico empezó a avivar ese sueño que tuve de niña cuando me ponía una almohada en mi barriga y jugaba a que estaba embarazada. Poco a poco me ilusionó la idea de ser madre, pero tenía que ponerme de acuerdo con tu papá, porque era muy importante que fuera de mutuo acuerdo y no tomar yo sola una decisión tan importante.

Nos pusimos de acuerdo, vencimos sus temores y los míos, y empezamos a buscarte. Mi oración a Dios era que me diera hijos sanos mental y físicamente; y como tu papá quería que su primer hijo fuera varón, mi petición fue que me diera un hijo varón sano mental y físicamente. Al principio, quería tener dos hijos, pero hoy te puedo decir que quiero los hijos que Dios me dé.

Empecé a planificar mi embarazo, dejé los tratamientos anticonceptivos, compré libros, vi programas de nacimientos de todo tipo, empecé a tomar vitaminas para estar sana. Cuando empecé, tenía treinta y tres años. Este se convirtió en mi siguiente proyecto, sacaba la cuenta del periodo fértil del mes y hacía todo, absolutamente todo lo que recomendaban para quedar embarazada.

Pasaron unos pocos meses y aún nada ocurría. Todos los meses pensaba que este sería el mes y tenía planificado cómo le daría la noticia a tu papá, lo que le diría. También lo que le diría a tus abuelos y tíos. Sería una gran alegría para todos. No obstante, nada ocurría y me entristecía cada mes que me daba cuenta de que ese no sería el mes, pero después pensaba que no había problema, apenas estaba empezando; pronto sucedería, ya que ni en mi familia ni en la de tu papá había problemas de infertilidad. Todo lo contrario, en mi familia, las mujeres tenían hijos en su juventud, muchos hijos.

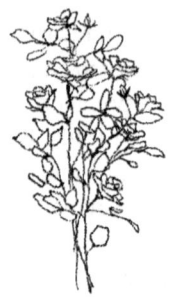

## UN NUEVO AIRE LLEGÓ A MI FAMILIA: TIEMPO DE AVIVAMIENTO

Ocurrió algo maravilloso! En ese tiempo, tu papá y yo decidimos que queríamos buscar más de Dios. Llegamos a la conclusión de que la vida no podía ser solo estudiar, trabajar, casarse, tener hijos, tener bienes, envejecer y morir; tenía que haber algo más. No era suficiente con solo ir uno que otro domingo a la iglesia; queríamos más, queríamos conocerle realmente y servirle donde fuera que Él nos llevara. Así que empezó un nuevo tiempo en nosotros. Poco a poco cambiamos nuestra vida y nos rendimos a Él. Mi necesidad de acumular logros fue transformada poco a poco por la necesidad de servir a Dios. Fuimos transformados en gran manera como pareja y también en lo que hacíamos con nuestro tiempo libre. Como dice Apocalipsis 3:20 «He aquí, yo estoy a la puerta y llamo; si alguno oye mi voz y abre la puerta, entraré a él, y cenaré con él, y él conmigo.». Así mismo fue. Abrimos la puerta y Dios entró a nuestras vidas para nunca más irse.

Empezamos a hacer vida en la iglesia. Ya no asistíamos eventualmente, sino todos los domingos. Conocimos a un joven que tenía una gran pasión por servir al Señor, lo cual fue una bendición para nosotros. Ese joven nos invitó a formar parte del ministerio al que pertenecía; un ministerio que no era de jóvenes, pero en el que los jóvenes tenían participación. Así que ya no solo asistía a la iglesia, sino que estaba activamente aprendiendo y sirviendo al Señor.

De inmediato, empezamos a hacer retiros espirituales, ayunos, viajes misioneros, campañas evangelísticas. Empezó un nuevo tiempo para mi vida. Aprendí de primera mano la importancia del perdón, y entendí cuán importante era que la gente comprendiera esta verdad tan valiosa para ser libres.

Al poco tiempo, comencé a predicar y dar enseñanzas de sanidad interior y el poder del perdón en nuestro desarrollo como seres humanos, hechos a la imagen y semejanza de un Dios vivo. Quería que, así como mi vida fue transformada, otros tuvieran esta misma oportunidad. Este fue el mensaje central en mis prédicas durante el tiempo que tu papá y yo pastoreamos.

«Así que, si el Hijo os libertare, seréis verdaderamente libres.» Juan 8:36

Fue algo maravilloso. Dios empezó una transformación en todas las áreas de mi vida. Pude vencer el temor que tenía por no sentirme preparada para tener un hijo, por la responsabilidad tan grande que implicaba, y porque tampoco quería renunciar a mis sueños y metas personales. Cuando permití que el Señor llegara a mi vida y me libertara, fui verdaderamente libre de ese miedo; y ese sueño que veía como algo lejano se convirtió en mi anhelo. Aun sin tenerte, ya te esperaba. ¡Gloria a Dios!

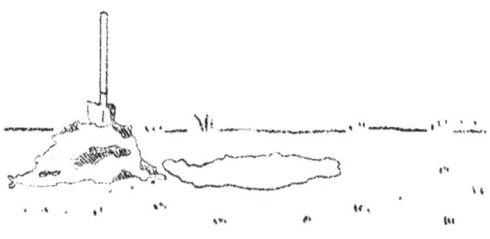

# NADA AÚN

«Todo tiene su tiempo, y todo lo que se quiere debajo del cielo tiene su hora.» Eclesiastés 3:1

No fue como esperaba. Ya habían pasado varios meses y nada sucedía. Tú no dabas señales de llegada. Siempre pensé que, con el historial de fertilidad de las mujeres de mi familia, concebiría rápido; pero no fue así, te estabas tardando, y yo, desesperando.

Pero igual me sentía tranquila; en algún momento cercano sucedería. Mientras tanto, veía toda clase de programas de partos e historias de nacimientos. Con cada historia me emocionaba. Compré libros, leí artículos acerca de la concepción y nacimiento, me preparaba para cuando llegara mi momento.

Fue en uno de esos viajes que hicimos a una conferencia evangelística donde Dios me habló por primera vez de ti: «Mujer, no tengas miedo. He aquí te será engendrado un hijo varón que será grande delante de mis ojos.»

Me sentí contenta y honrada de que Dios me hablara de mi hijo que ya estaba buscando y más contenta cuando me dijo que sería varón, porque era el anhelo de tu papá; pero no entendía por qué me dijo que no tuviera miedo, si yo no tenía miedo, todo lo contrario. Con los años pude comprenderlo en su totalidad.

A las pocas semanas, el Señor me dio otra palabra acerca de ti y de lo que harías, ratificando y ampliando la anterior. Me dio confianza saber que Dios estaba al control. En cualquier momento sucedería; así que esperaba cada mes, porque ya estaba por suceder; casi, casi, estaba cerca.

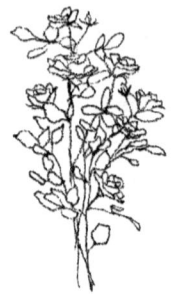

## ESPERANDO ANDO

Y así pasó el tiempo. Un mes dolía más que otro; estaba en agonía constante, haciéndome ilusiones de cómo sería saberme embarazada, cómo le diría a tu papá y a mi familia. Ante un pequeño retraso en mi periodo o cualquier síntoma aparente de embarazo, me ilusionaba con la idea de estar embarazada. Aunque no todos los meses fueron así, puedo decir con certeza que unos fueron peores que otros.

Cuando me casé, mi hermana mayor, Maryori, tenía una niña de siete años y mi hermano mayor, José, estaba en la espera de su primer hijo. Pasados unos pocos años, cuando yo esperaba que tú llegaras, ellos tuvieron sus segundos hijos; y, si bien me alegraba por ellos, yo seguía sin experimentar lo que era ser madre. Tenía la ilusión de que mis hijos fueran contemporáneos con sus primos y compartieran momentos de juego y amistad; también quería compartir la alegría que sienten muchas familias cuando llega la noticia de un nuevo miembro. Me había alegrado por muchos, quería que otros se alegraran por mí.

Ya no solo eran mis hermanos, amigos y compañeros, que conocimos solteros y los vimos casarse, ya inclusive tenían familia gente que vimos crecer, cinco o diez años menores, que también estaban viviendo esta experiencia. El dolor de la espera era mayor con el pasar del tiempo.

Habían pasado dos años, lo que se traduce en veinticuatro veces que aún no ocurría lo que ya anhelaba tanto; pero como Dios me había dado una palabra, me aferraba a ella, aunque no era nada fácil, sobre todo cada vez que iba al médico y este me recordaba que no podía esperar más, que hiciera algo antes de que fuera tarde. Sin embargo, yo seguía aferrada a mi promesa, aunque había momentos de desesperanza en los que pensaba que Dios se había olvidado de mí y tenía que hacer algo por mí misma para lograr embarazarme.

Fue así como un día, determinada a hacer algo por mí misma, desperté a mi esposo con el objetivo de tomar la muestra para llevarla al laboratorio. Él no se sentía cómodo haciendo esto, pero yo necesitaba saber la causa por la cual aún no habíamos concebido. De pronto, me invadió un temor de estar haciendo algo indebido y dudar de Dios, pensé en la promesa que Dios le hizo a Abraham y a Sara, y en cómo ellos, pretendiendo ayudar a Dios, obtuvieron un Ismael antes de obtener al hijo de la promesa. Así que desistí de esa idea y escribí mi determinación, con el objeto de leerla cada vez que sintiera flaquear mi fe:

## MI DETERMINACIÓN

Hoy es tiempo de no olvidar la promesa del Señor. Dios es Dios y su palabra prevalece. Hoy he entendido que Él lo hará en su tiempo, que no debo ayudar al Señor a cumplir su promesa.

Es mejor esperar que apresurar las cosas en la búsqueda de algo que no sabría si, al obtenerlo, era realmente la voluntad perfecta de Dios.

> Hoy prefiero esperar que abrir una puerta que, una vez abierta, no podré cerrar.
> Hoy prefiero esperar que vivir con la duda de que lo que obtuve fue realmente la promesa de Dios a mi vida o una respuesta a mi necedad.
>
> Y aunque sé que puedo desesperar, me mantiene la certeza de que el Señor un día, en su tiempo, cumplirá la palabra que ha dado a mi vida.
> ¡Dios es Soberano!

No quiere decir que hacernos las pruebas estaba mal, de Dios es la tierra y su plenitud. Él creó la ciencia y a los hombres que la ejercen. Pude entender que lo que estaba mal era la obstinación en lograrlo a toda costa, sin importar lo que tuviera que hacer para ello. En este caso, el fin no justificaba los medios.

No siempre Dios dice: «Te daré, te entregaré, haré de ti»; pero, si lo hace, debemos entender que, desde el tiempo de la promesa hasta su cumplimiento, pasarán situaciones en las que parece imposible que algo así ocurra. Habrá momentos de angustia, duda y desesperanza, donde lo único que nos quedará por hacer será aferrarnos al Dador de la palabra, aferrarnos a Dios y esperar en Él.

Hebreos 11 habla acerca de la fe de los que alcanzaron la promesa, pero al final del capítulo habla también de los que no vieron con sus propios ojos el cumplimiento de lo que esperaban. Dios le dijo a Abraham que haría su descendencia como las estrellas del cielo. Si bien Abraham tuvo hijos, no tuvo tantos hijos como las estrellas del cielo; murió sin ver el cumplimiento de la promesa, pero nosotros, sus descendientes, sí la vimos, porque en Abraham fueron benditas todas las naciones de la tierra, y ya no somos hijos de Adán y Eva, sino de Abraham y Sara.

¡Cuán difícil es esperar y entender que el tiempo de Dios no es igual a mi tiempo! Primero, porque Él no está sujeto a tiempo; el ser humano sí lo está, por eso muchas veces queremos apresurar el tiempo del cumplimiento de la palabra, pero esto es imposible. En este caso, solo nos queda descansar en la certeza de que Dios no es hombre para que mienta, ni hijo de hombre para que se arrepienta. Si Él lo dijo, Él lo hará, pero en su tiempo.

## DEPENDE DE DIOS

Después de ese momento, decidí no vivir en agonía, a la espera de que algo pronto sucediera. No porque no creía, sino porque dolía seguir pensando que pronto sucedería. Hacerse ilusiones y que estas se rompieran mes tras mes, no me hacía ningún bien. Dejé de ver programas de embarazos y partos, así como de leer libros de maternidad, me concentré en otros proyectos y tareas.

Nos fuimos de vacaciones a la playa. En nuestra última noche en la isla, conocimos a una pareja de norteamericanos, ya jubilados, que estaban disfrutando también sus vacaciones. Comenzamos a hablar como si nos conociéramos desde hace mucho tiempo.

Nos contaron que tenían siete hijos y que estaban disfrutando esta etapa de sus vidas viajando juntos. Como suele suceder, al preguntarnos a nosotros y recibir por respuesta que no teníamos hijos, pero que estábamos esperando tenerlos, no tuvimos por contestación lo que generalmente obteníamos: buenos deseos de que pronto ocurrirá o cara triste porque no ha ocurrido aún y no somos ya tan jóvenes para esperar. Esta vez, Dios usó a ese hombre para darnos un mensaje cuando nos dijo en perfecto inglés: «God is the one who opens and closes the womb», que traducido es: «Dios es quien cierra y quien abre la matriz». ¡Cuán importante y liberadoras fueron para nosotros esas palabras! Entender que no dependía de nosotros que ocurriera, sino que dependía plenamente de Dios. No había nada que yo pudiera hacer para acelerarlo: dependía totalmente de Dios.

No fue todo de color rosa a partir de ese momento. La espera continuaba y había momentos de lágrimas, dolor y desespero al ver que el tiempo pasaba y nada sucedía; pero, en medio de todo, tenía paz en mi corazón con la decisión que habíamos tomado de esperar en el Señor. En uno de esos momentos escribí este poema:

### VIENTRE VACÍO

Cuántos niños en el mundo por sus padres maltratados; otros, muriéndose de hambre, fueron abandonados, vagando andan por las calles sin tener un rumbo fijo, sin una madre que les dé amor, sin un padre que les dé abrigo.

Y yo, por mi parte, Señor, tengo mi vientre vacío. Muchos niños hay muriendo, aun antes de nacer, pues sus madres los rechazan, no los quieren conocer.

Y yo, por mi parte, Señor, tengo mi vientre vacío.

De mis pechos no mana leche, mis brazos están caídos, tengo tanto amor por darle a ese ser no conocido, a ese que me hará ser madre le he reservado cariño.

Mes tras mes anhelo ver mi sueño hecho realidad, la confirmación de tu palabra de que voy a ser mamá.

Quiero conocer a mi hijo, ver su rostro al nacer,
quiero tenerlo en mis brazos, quiero cuidar de él.
Acostarlo por las noches, levantarlo en las mañanas, escuchar sus primeras palabras, perderme en su tierna mirada.

Ese día llegará pronto, de eso no cabe duda.
Dios no olvida su promesa: su palabra es fiel y pura.

Cuando llegue ese día, con gozo podré decir
¡Mi vientre no está vacío, tengo un hijo por venir!

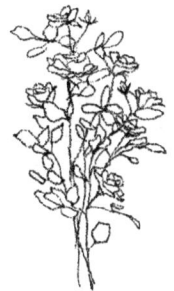

## LA AFRENTA

La Biblia tiene muchas historias de mujeres que no podían concebir; mujeres amadas por sus esposos, pero que tenían una afrenta: eran estériles. La función principal de la mujer en esa época era principalmente parir hijos; ese era su propósito de vida. Si una mujer era estéril, entonces había perdido su propósito.

**1. Sara, mujer de fe, se aferró a Dios no teniendo a qué más aferrarse.**

Dijo también Dios a Abraham: A Sarai tu mujer no la llamarás Sarai, mas Sara será su nombre. Y la bendeciré, y también te daré de ella hijo; sí, la bendeciré, y vendrá a ser madre de naciones; reyes de pueblos vendrán de ella. Entonces Abraham se postró sobre su rostro, y se rio, y dijo en su corazón: ¿A hombre de cien años ha de nacer hijo? ¿Y Sara, ya de noventa años, ha de concebir? Y dijo Abraham a Dios: Ojalá Ismael viva delante de ti. Respondió Dios: Ciertamente Sara tu mujer te dará a luz un hijo, y llamarás su nombre Isaac; y confirmaré mi pacto con él como pacto perpetuo para sus descendientes después

de él. Y en cuanto a Ismael, también te he oído; he aquí que le bendeciré, y le haré fructificar y multiplicar mucho en gran manera; doce príncipes engendrará, y haré de él una gran nación. Mas yo estableceré mi pacto con Isaac, el que Sara te dará a luz por este tiempo el año que viene.
**Génesis 17:15-21**

Desde que Dios dio la promesa a Abraham de un hijo nacido de Sara, hasta el nacimiento de Isaac, pasaron trece años; años en los cuales su fe fue probada como el oro y, aunque al principio hubo dudas, al final Sara logró ver la promesa cumplida en Isaac.

Cuando Dios nos da una promesa, nos habla del final, no del proceso por el que pasaremos para llegar a ese destino. Pienso, particularmente, que el final nos es anunciado para que no decaiga nuestra fe en el proceso del cumplimiento de la promesa.

En el caso de Sara hubo momentos de duda, cuando creyó que ya que ella no le daba hijos a su marido, este podría venir de su sierva Agar, y de esta manera el hijo de su sierva sería como suyo; pero estaba muy lejos de la realidad y desde el mismo momento en que Agar concibió, Sara tuvo que enfrentar la realidad de que Ismael no era suyo y nunca lo sería. Sara se había convertido en una madre sin hijos.

Después de un duro proceso, estos dos ancianos vieron el cumplimiento de la promesa de Dios, y se gozaron de las maravillas y milagros que solo Él puede hacer.

Entonces dijo Sara: Dios me ha hecho reír, y cualquiera que lo oyere, se reirá conmigo. Y añadió: ¿Quién dijera a Abraham que Sara habría de dar de mamar a hijos? Pues le he dado un hijo en su vejez.
**Génesis 21:6-7**

Y aunque de Agar vino el primer hijo de Abraham, de Sara vino el hijo de la promesa de Dios, por el cual ellos serían llamados padres de multitudes. Durante este proceso, la fe de Sara se consolidó. Como ya no tenía a qué más aferrarse, se aferró a Dios.

Por la fe también la misma Sara, siendo estéril, recibió fuerza para concebir; y dio a luz aun fuera del tiempo de la edad, porque creyó que era fiel quien lo había prometido.
**Hebreos 11:11**

Ya no somos hijas de Eva, somos hijas de Sara:
«... como Sara obedecía a Abraham, llamándole señor; de la cual vosotras habéis venido a ser hijas, si hacéis el bien, sin temer ninguna amenaza.» **1 Pedro 3:6**

## 2. Rebeca, mujer astuta y manipuladora

... y era Isaac de cuarenta años cuando tomó por mujer a Rebeca, hija de Betuel arameo de Padan-aram, hermana de Labán arameo. Y oró Isaac a Jehová por su mujer, que era estéril; y lo aceptó Jehová, y concibió Rebeca su mujer. Y los hijos luchaban dentro de ella; y dijo: Si es así, ¿para qué vivo yo? Y fue a consultar a Jehová; y le respondió Jehová: Dos naciones hay en tu seno, Y dos pueblos serán divididos desde tus entrañas; El un pueblo será más fuerte que el otro pueblo, Y el mayor servirá al menor.
**Génesis 25:20-23**

Dios había dado una palabra a Rebeca, quien se aferró a ella de una manera poco conveniente, ya que intentó ayudar a Dios en el cumplimiento de la misma. Si bien era cierto que el menor serviría al mayor, también era cierto que sería en el tiempo y conforme a la voluntad de Dios.

Como madre, tuvo preferencia por uno de sus hijos, lo cual causó daño a la relación de los hermanos y de la familia en general. Al amar más a uno, rechazaba al otro, incidiendo en el comportamiento de sus hijos: Jacob, dado al engaño, y Esaú, buscando desesperadamente el amor de una mujer. Rebeca engañó a su esposo para que bendijera a Jacob en lugar de Esaú, sin darse cuenta de que, con esta acción, dejaría de ver a su hijo más amado. (Génesis 27:1-40).

### 3. Raquel, desesperada por ser madre

Raquel era la esposa amada de Jacob, pero era estéril. Mientras que Lea, su hermana, fue bendecida con seis hijos y una hija. Raquel anhelaba tener hijos aun a costa de su propia vida.

> Viendo Raquel que no daba hijos a Jacob, tuvo envidia de su hermana, y decía a Jacob: Dame hijos, o si no, me muero. Y Jacob se enojó contra Raquel, y dijo: ¿Soy yo acaso Dios, que te impidió el fruto de tu vientre?
> **Génesis 30:1-2**

Mas Jehová se acordó de ella.

> Y se acordó Dios de Raquel, y la oyó Dios, y le concedió hijos. Y concibió, y dio a luz un hijo, y dijo: Dios ha quitado mi afrenta; y llamó su nombre José, diciendo: Añádame Jehová otro hijo.
> **Génesis 30:22-24**

Y tuvo un segundo hijo.

> Después partieron de Bet-el; y había aún como media legua de tierra para llegar a Efrata, cuando dio a luz Raquel, y hubo trabajo en su parto. Y aconteció, como había trabajo en su parto, que le dijo la partera: No temas, que también tendrás este hijo. Y aconteció que al salírsele el alma (pues murió), llamó su nombre Benoni;[1] mas su padre lo llamó Benjamín.[2]
> **Génesis 35:16-18**

---

1 Benoni: de Ben y Oní, significa hijo de mi lamento.
2 Benjamín hijo de mi diestra.

Raquel, al nombrar a su hijo, lo estaba marcando como el hijo de su sufrimiento, el hijo de su dolor; ese sería el recordatorio de este varón cada vez que fuese nombrado (que era el hijo del sufrimiento de su madre). Con sus acciones y por la autoridad que tienen, las madres pueden marcar a sus hijos de forma negativa y causar heridas muy difíciles de superar.

### 4. La madre de Sansón consagró a su hijo para Dios

Y había un hombre de Zora, de la tribu de Dan, el cual se llamaba Manoa; y su mujer era estéril, y nunca había tenido hijos. A esta mujer apareció el ángel de Jehová, y le dijo: He aquí que tú eres estéril, y nunca has tenido hijos; pero concebirás y darás a luz un hijo. Ahora, pues, no bebas vino ni sidra, ni comas cosa inmunda. Pues he aquí que concebirás y darás a luz un hijo; y navaja no pasará sobre su cabeza, porque el niño será nazareo[3] a Dios desde su nacimiento, y él comenzará a salvar a Israel de mano de los filisteos. Y la mujer vino y se lo contó a su marido, diciendo: Un varón de Dios vino a mí, cuyo aspecto era como el aspecto de un ángel de Dios, temible en gran manera; y no le pregunté de dónde ni quién era, ni tampoco él me dijo su nombre. Y me dijo: He aquí que tú concebirás, y darás a luz un hijo; por tanto, ahora no bebas vino, ni sidra, ni comas cosa inmunda, porque este niño será nazareo a Dios desde su nacimiento hasta el día de su muerte.
**Jueces 13:2-7**

### 5. Ana dedicó su hijo a Dios

Hubo un varón de Ramataim de Zofim, del monte de Efraín, que se llamaba Elcana hijo de Jeroham, hijo de Eliú, hijo de

---
3 Nazareo: La madre de Sansón preparó y educó a su hijo para un propósito: servir a Dios.

Tohu, hijo de Zuf, efrateo. Y tenía él dos mujeres; el nombre de una era Ana, y el de la otra, Penina. Y Penina tenía hijos, mas Ana no los tenía. Y todos los años aquel varón subía de su ciudad para adorar y para ofrecer sacrificios a Jehová de los ejércitos en Silo, donde estaban dos hijos de Elí, Ofni y Finees, sacerdotes de Jehová. Y cuando llegaba el día en que Elcana ofrecía sacrificio, daba a Penina su mujer, a todos sus hijos y a todas sus hijas, a cada uno su parte. Pero a Ana daba una parte escogida; porque amaba a Ana, aunque Jehová no le había concedido tener hijos. Y su rival la irritaba, enojándola y entristeciéndola, porque Jehová no le había concedido tener hijos. Así hacía cada año; cuando subía a la casa de Jehová, la irritaba así; por lo cual Ana lloraba, y no comía. Y Elcana su marido le dijo: Ana, ¿por qué lloras? ¿por qué no comes? ¿y por qué está afligido tu corazón? ¿No te soy yo mejor que diez hijos? Y se levantó Ana después que hubo comido y bebido en Silo; y mientras el sacerdote Elí estaba sentado en una silla junto a un pilar del templo de Jehová, ella con amargura de alma oró a Jehová, y lloró abundantemente. E hizo voto, diciendo: Jehová de los ejércitos, si te dignares mirar a la aflicción de tu sierva, y te acordares de mí, y no te olvidares de tu sierva, sino que dieres a tu sierva un hijo varón, yo lo dedicaré a Jehová todos los días de su vida, y no pasará navaja sobre su cabeza.

**1 Samuel 1:1-11**

Y Dios escuchó la oración de Ana y ella concibió un hijo, y tal como le prometió a Dios, al cumplirse el tiempo de ser destetado el niño, lo llevó a Silo y allí lo dejó para que sirviera a Jehová. Ana fue una mujer de palabra. Muy a pesar de que este era su hijo deseado, por el cual había clamado tanto, y a pesar de todo su amor hacia él, pesó más el valor de la promesa hecha al que tiene el poder de dar la vida. Así, de esta manera, entregó a Dios al profeta Samuel, último Juez de Israel; un hombre que amó a Dios y le sirvió hasta el final de sus días.

Y Elí bendijo a Elcana y a su mujer, diciendo: Jehová te dé hijos de esta mujer en lugar del que pidió a Jehová. Y se volvieron a su casa. Y visitó Jehová a Ana, y ella concibió, y dio a luz tres hijos y dos hijas. Y el joven Samuel crecía delante de Jehová.
**1 Samuel 2:20-21**

El sacrificio de Ana bendijo grandemente al pueblo de Israel.

## 6. Elisabet, madre contra todo pronóstico

Hubo en los días de Herodes, rey de Judea, un sacerdote llamado Zacarías, de la clase de Abías; su mujer era de las hijas de Aarón, y se llamaba Elisabet. Ambos eran justos delante de Dios, y andaban irreprensibles en todos los mandamientos y ordenanzas del Señor. Pero no tenían hijo, porque Elisabet era estéril, y ambos eran ya de edad avanzada.
**Lucas 1:5-7**

Elisabet era una sierva de Dios, de linaje sacerdotal, esposa del sacerdote Zacarías; una mujer justa, irreprensible y estéril. Una mujer de Dios con una afrenta: no poder tener hijos, no poder cumplir con el propósito para el cual fue creada. Dios cerró su matriz.

Pero ese mismo Dios, cuando Elisabet era ya mayor, concedió el anhelo de su corazón: abrió su matriz. Lo que parecía imposible por su edad avanzada, fue posible para Dios, porque para Él no hay nada imposible.

Y se le apareció un ángel del Señor puesto en pie a la derecha del altar del incienso. Y se turbó Zacarías al verle, y le sobrecogió temor. Pero el ángel le dijo: Zacarías, no temas; porque tu oración ha sido oída, y tu mujer Elisabet te dará a luz un hijo, y llamarás su nombre Juan. Y tendrás gozo y alegría, y muchos se regocijarán de su nacimien-

to; porque será grande delante de Dios. No beberá vino ni sidra, y será lleno del Espíritu Santo, aun desde el vientre de su madre. Y hará que muchos de los hijos de Israel se conviertan al Señor Dios de ellos. E irá delante de él con el espíritu y el poder de Elías, para hacer volver los corazones de los padres a los hijos, y de los rebeldes a la prudencia de los justos, para preparar al Señor un pueblo bien dispuesto.
**Lucas 1:11-17**

Elisabet fue la primera que confesó al Señor. Tanto ella como el fruto de su vientre fueron llenos del Espíritu Santo. Y concibió y dio a luz al profeta de Dios, Juan el Bautista, quien tuvo el privilegio de preparar el camino para la venida del Señor.

Y fue de gran gozo y alegría el nacimiento de Juan. Todos los que le conocían se alegraron con su llegada, pues cuando nace un niño: hay alegría; pero, cuando ese niño le nace a una pareja que por años lo ha intentado, es mayor la celebración, porque demuestra la evidencia de un milagro.

En aquellos días, levantándose María, fue de prisa a la montaña, a una ciudad de Judá; y entró en casa de Zacarías, y saludó a Elisabet. Y aconteció que cuando oyó Elisabet la salutación de María, la criatura saltó en su vientre; y Elisabet fue llena del Espíritu Santo, y exclamó a gran voz, y dijo: Bendita tú entre las mujeres, y bendito el fruto de tu vientre. ¿Por qué se me concede esto a mí, que la madre de mi Señor venga a mí? Porque tan pronto como llegó la voz de tu salutación a mis oídos, la criatura saltó de alegría en mi vientre. Y bienaventurada la que creyó, porque se cumplirá lo que le fue dicho de parte del Señor.
**Lucas 1:39-45**

Elisabet fue el último retoño de la vara de Aarón, porque después de ella vendría un nuevo sacerdocio, el del Mesías.

## 7. Otra mujer, no de la Biblia, pero sí de tu vida: tu mamá

Si bien no soy una mujer de la Biblia, me siento identificada con muchas de ellas en sus experiencias. Mi historia, al principio, era como la de Raquel y Ana, una mujer con la necesidad urgente de concebir hijos, luchando por esperar el cumplimiento de la promesa, con días buenos en los que confiaba plenamente y días malos en los que pensaba que tenía que hacer algo.

Ya habían pasado cerca de siete años desde que empezamos a buscarte y aún nada ocurría. Fui a la consulta de un doctor ampliamente recomendado por ayudar a mujeres cercanas con problemas de fecundación y embarazos de alto riesgo. Con este doctor empezamos un tratamiento hormonal de fecundación asistida. Debía hacer seis ciclos, equivalentes a seis meses. Durante cada ciclo tomaba, del día cinco al nueve, un medicamento para estimular la ovulación; del día diez al dieciséis: estrógenos; y relaciones del día doce al dieciocho. Todo ello durante seis meses.

Este plan no era nada romántico: todo estaba planificado de acuerdo con los días; no podíamos salirnos del plan si queríamos que funcionara. Mis hormonas estaban a millón y mi cuerpo sufrió cambios que afectaron hasta mi estado de ánimo. Había momentos en los que me sentía sensible y otros en los que todo me molestaba; pero todo sacrificio que fuera necesario lo asumía con tal de tenerte en mis brazos.

Una vez, tuve un retraso mayor de los que había tenido alguna vez y sentí que estaba embarazada. Sin embargo, al asistir al chequeo mensual con el doctor, resultó que no lo estaba. El doctor me explicó que había mujeres con un deseo tan grande de quedar embarazadas, que experimentaban embarazos psicológicos y presentaban síntomas propios de la gestación, y que posiblemente eso me pasó a mí esa vez.

Es desgarrador este sentimiento, un dolor que no tiene consuelo. El dolor que da la esperanza. Una esperanza tal que mi mente intentó convencer a mi cuerpo de que respondiera ante algo que realmente no estaba ocurriendo. No estaba embarazada, pero por poco tiempo sentí que sí y se sintió bonito. Me sometí a este tratamiento con mucha esperanza. Contaba con un doctor que había ayudado a mujeres en la familia con embarazos difíciles. Tenía la ilusión de ser otro de sus casos de éxito. El doctor también estaba muy optimista cuando empezó a tratarme y muy confiado de que mi embarazo sucedería, pero no fue así. A estas alturas ya estaba cansada; esperar mes tras mes, tras mes que sucediera y que nada pasara, dolía en el alma. No había una razón médica por la cual no podíamos concebir. De haber un problema que impidiera el embarazo, nos hubiésemos enfocado en tratarlo y resolverlo; pero no había problema, simplemente no sucedía y eso dolía aún más.

Pasaron dos años más y decidimos asistir a una clínica de fertilidad muy reconocida en Caracas para hacer una evaluación completa. Tanto tu papá como yo nos haríamos todos los exámenes necesarios para ponerle nombre y apellido a esto, encontrar la causa y la solución. Teníamos ahorros y el seguro cubría la mayor parte de los exámenes que había que realizar.

Los exámenes que tuvo que hacerse tu papá fueron pocos en comparación con los que me tocaron a mí; uno más incómodo e invasivo que otro. Entre ellos estuvieron la histerosalpingografía y la histeroscopia diagnóstica. Este último examen fue tan incómodo y doloroso, que hasta el doctor que lo realizó se disculpó conmigo por todos los intentos que tuvo que hacer para introducir el histeroscopio con el fin de visualizar correctamente la cavidad uterina. Me felicitó por haberme controlado, pues con este examen muchas mujeres terminaban gritando.

Con los resultados de los exámenes, asistimos a la consulta para conocer el diagnóstico y el plan de acción. El doctor, un especialista en fertilidad muy reconocido, revisó minuciosamente cada uno de los resultados; de forma directa y sin ningún tipo de adorno nos dijo que no había ninguna complicación en tu papá ni en mí; salvo la edad, la juventud que pensaba aún tenía y seguiría teniendo por mucho tiempo más, de acuerdo con este doctor, ya no era tal. Mis ovarios estaban envejeciendo y mis óvulos habían disminuido considerablemente. El conteo de espermatozoides también había bajado. Estos exámenes más detallados indicaron lo mismo que los realizados en años anteriores. Nunca hubo un problema ni en tu papá ni en mí. Durante todos estos años no hubo una razón física para no concebir, simplemente no quedaba embarazada.

El doctor recomendó como plan de acción la fertilización *in vitro*. De acuerdo con nuestros resultados, esa era la única alternativa viable. Dependía de nosotros el hacerlo y establecer un límite de veces, ya que podía suceder que no se diera un embarazo a término en el primer intento. El costo monetario y emocional era muy alto. Tenía mis reservas respecto a este procedimiento, no sentía que esta era la manera de concebirte; pero, igualmente, al salir de la consulta, pedimos los presupuestos para cada procedimiento. Buscamos créditos y financiamientos para ello. Esta no era una decisión a la ligera: era algo por lo que debíamos pedir dirección al Señor y llegar a una determinación que nos diera paz a ambos.

Mi sentir permaneció. No sentía paz con practicarnos este tipo de procedimiento. Tu papá también se sentía así. No era solo por el impacto económico, que era bastante alto, y nos obligaría a vender parte de nuestros bienes para realizar el primer y único intento que podíamos costear; él tampoco creía que esta era la manera. Al mismo tiempo, me daba temor agotar la única alternativa que tenía en ese momento, de acuerdo con el especialista. Enfrentaba una lucha interna.

Recuerdo que llamé a mi mamá y sus palabras sabias me consolaron y me dieron paz para tomar la decisión que ya estaba en mi corazón, con la que mi humanidad estaba luchando. Decidí que no me haría el procedimiento. Tu papá ya había llegado a la misma conclusión, así que seguiríamos esperando en Dios. Él es el autor de la vida y la muerte, todo depende de Él. Esta vez ya no habría un plan B; todo estaba en sus manos.

# EL TIEMPO SIGUE PASANDO

El tiempo sigue haciendo de las suyas. Pasó poco más de un año después que tomamos la decisión de no optar por la fertilización *in vitro*. Con cuarenta y tres años, y aun sintiéndome plenamente joven, al ir a mi chequeo médico resultó que mis óvulos disminuyeron de tal manera que, de acuerdo con el pronóstico médico, resultó ser el inicio de una pre-menopausia precoz. Aunque a mi madre le ocurrió a los cuarenta y dos, y a mi hermana mayor le estaba ocurriendo desde los cuarenta y tres, estaba confiada en que a mí no me pasaría. En mi mente pensaba que Dios haría algo antes.

Salí de la consulta con cero posibilidades de embarazo natural y asistido. Médicamente parecía que no había nada qué hacer. Me embargó la culpa y el miedo de haber perdido el tiempo sin hacer nada para embarazarme, y de enfrentarme al hecho de que posiblemente no dejaría descendencia. ¿En qué estabas pensando, Yulimar? ¿Cómo dejaste pasar tanto tiempo? Tú, que quieres controlarlo todo, ¿cómo dejaste que esto pasara? ¿Por qué no sabías que a los treinta y tantos, cuando por fin te decidiste a la maternidad, ya habían disminuido tus posibilidades de lograrlo? Porque, aunque te sintieras joven y plena, tus óvulos envejecían. ¿Por qué esperar el momento perfecto? Si la verdad es que no hay un tiempo cien por ciento ideal para ejecutar los planes. La vida continúa, aprendes a vivir y amar esos benditos cambios. ¿Por qué esperar a tener una solvencia que me permitiera darte todo lo que no tuve? Si darte todo lo que no tuve era evitar que conocieras el valor del esfuerzo, aprender que las derrotas son el maestro para ser cada vez mejores y que solo los valientes se paran después de una caída y siguen adelante, intentando nuevamente. No puedo hacer nada por el pasado. Tomé mis decisiones y debo vivir con ellas. Solo sé que creo en Dios y Él tiene la última palabra.

Me sigo encontrando con la misma noticia de todos los meses: otra vez no estoy embarazada. Aún no ha ocurrido mi milagro. Sacando cuentas, he recibido la misma noticia por lo menos ciento veinte veces desde que estoy esperando tu llegada. Esta vez hay una diferencia: aunque no me alegra recibir la misma noticia de que no llegas, me alegra que aún mi cuerpo sigue luchando, sigo menstruando y, por ende, ovulando.

Definitivamente Dios hará un milagro. Durante diez años, no hubo un pronóstico definitivo. Sencillamente, no quedaba embarazada, pero tenía muchas alternativas para usar cuando quisiera. Ahora, la situación es otra: hay un pronóstico médico y no hay alternativas, solo me queda aferrarme a Dios con todas mis fuerzas y esperar mi milagro.

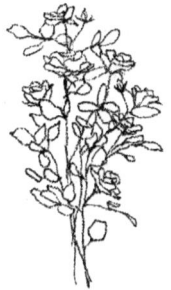

## 2018: AÑO DE GRANDES ACONTECIMIENTOS

Cuando me casé, tu prima mayor, Marsolaire, tenía siete años. He mantenido una relación muy especial con ella, la cual ha permanecido en el tiempo. La cargué en mis brazos, fui su niñera muchas veces, la vi transitar por el camino de niña a mujer; he sido su tía, consejera y, poco a poco, me convertí en su amiga. Recuerdo que siempre me preguntaba cuándo le daría un primito, y aún de grande me seguía preguntando, hasta que dejó de hacerlo.

Esa niña, con la que soñé aun antes de que naciera, contrajo matrimonio. Pasé de ser su tía-madrina, a su tía-madrina-madrina, ya que me dio el honor de ser madrina en su boda. Ella llevó los anillos en mi boda y yo fui madrina en la suya. Así mismo, tu papá tuvo el honor de darles la bendición pastoral, un momento muy hermoso.

No pasaron dos años de su boda cuando, en el 2018, la niña que vi crecer, que me preguntaba constantemente cuándo le daría un primo, me llamó para darme la noticia de que estaba embarazada; y aunque me alegré mucho por ella, su embarazo me recordaba que, a mis cuarenta y cuatro años, aún yo no era mamá y que ya iba a ser tía abuela.

Ese mismo año, la hermana de Jonathan, tu tía Ruth, a quien conocí a sus tres años, cuando me hice novia de tu papá, quien fue la niña de las flores en mi boda, a quien también vi convertirse de niña a mujer, y que hace unos meses había emigrado a México; me dio la noticia de que se había comprometido y a finales de año se casaría. Ello me parecía una muy buena ocasión para una reunión familiar y compartir con tu tía un momento tan importante en su vida.

Ya para ese tiempo, en la iglesia donde servíamos, habíamos presentado a muchos niños. Todos los matrimonios a los que tu papá tuvo el privilegio de dar la bendición pastoral ya habían tenido su primer hijo. Dios los había bendecido con hijos, con el milagro de la vida; algo maravilloso, que aún tu papá y yo no habíamos experimentado. Perdí la cuenta de por cuántas mujeres embarazadas y por cuántos bebés tuve el privilegio de orar, porque era un privilegio; pero igual mi alma clamaba: ¡Señor, por favor, acuérdate de mí!

Al ver a tantas mujeres de mi familia y conocidas, ilusionadas de conocer al ser que llevan en sus vientres; imaginando su rostro, su mirada, sintiendo sus movimientos, me alegro por ellas, pero yo siento el dolor de la esperanza, y me pregunto: ¿Viviré alguna vez esta experiencia?

## OTRO ACONTECIMIENTO TRASCENDENTAL, PARA NADA ESPERADO

En paralelo, ese mismo año, por el mes de mayo, fui a hacerme el chequeo médico anual. Esta vez tenía algunas irregularidades con el ciclo menstrual y el doctor me mandó tratamiento para regularlo, así como los exámenes habituales.

Durante ese tiempo, estaba trabajando en un proyecto en el que tenía la oportunidad de viajar y trabajar cortos periodos de tiempo a Panamá. Estaba muy enfocada en ello, porque era parte de una de mis metas: trabajar por un tiempo en el exterior.

Una noche, al palpar mi seno izquierdo sentí una pequeña dureza, un bulto un poco más palpable que los que tenía, y que habían examinado los doctores en años anteriores, indicando que eran quistes benignos, que no había razón de operar a menos que molestaran; y como mi filosofía es no entrar al quirófano a menos que sea estrictamente necesario, no los operé, no me molestaban para nada.

Decidí hacerme los exámenes que tenía pendientes por hacer desde hacía un mes, por lo ocupada que estaba en el trabajo. Entre ellos, un eco mamario y una mamografía. Así que fui a la clínica y me hicieron primero la mamografía y luego el eco. Recuerdo que estaba conversando con el doctor que me hacía el eco, me comentaba que tenía quistes, pero que a simple vista no reflejaban anormalidad. Le pregunté, inclusive, cómo veían ellos si era maligno. Me estaba respondiendo mientras hacía el examen, hasta que llegó al área donde sentí la dureza y dejó de hablar por completo. Salió del consultorio. Luego entró y finalizó el examen sin decir mucho, solo que lo compararían con los exámenes anteriores.

Quedé pendiente de los resultados, así que pasé a buscarlos el día que indicaron; pero no me entregaron todos los resultados porque el seguro no lo había aprobado. Con tanto trabajo por hacer, tenía que buscar un lugar cerca de mi trabajo para hacerme otra vez este examen. No tenía mucho tiempo para buscar, así que tu abuela me ayudó. Pidió cita en la Fundación Seno Salud. Allí fui dos semanas después, y vi la misma reacción en la doctora que me hizo el examen. Esta vez, ella me explicó que había un nódulo de apariencia oscura y de forma irregular que debía ser estudiado, y que debían hacerme una biopsia de aguja simple. Decidí no preocuparme hasta que hubiese algo de qué preocuparme. Tenía muchas cosas en mi cabeza y no quería agregar una posibilidad de algo grave.

Asistí a la consulta con el doctor Carlos Velandia para hacerme la biopsia. Estaba un poco asustada porque, primero, no me gustan las agujas y, segundo, este examen se hace sin anestesia. La zona donde la iban a hacer no parecía para nada indolora; pero después de examinarme, el doctor recomendó hacer una biopsia con aguja *tru-cut*. Esta biopsia da un resultado más preciso y habría que hacerla una sola vez en caso de encontrar algo. Además, se hacía con anestesia, lo cual me tranquilizó un poco por la parte del dolor, pero no por la situación en sí. Había tenido quistes antes y nunca fue requerido hacer biopsia. Siempre me consideré una persona saludable, salvo las alergias, en los últimos años había estado bien. Una enfermedad en este momento de mi vida, en que se estaban abriendo las puertas para lograr ciertas metas a nivel profesional, era algo demasiado inoportuno, por decirlo de alguna manera.

Recuerdo que, antes de tener los resultados, le dije al Señor que no quería pasar por ese proceso; pero que, si tenía que hacerlo, me llevara de su mano, porque sola no iba a poder. De acuerdo con el doctor, los resultados estarían listos en una o dos semanas, así que decidí quedarme tranquila. Ya había hecho lo que tenía que hacer, solo quedaba esperar, confiar que todo estaría bien y yo seguiría con mis planes de vida sin ninguna alteración.

Mi sorpresa fue que, a los pocos días de realizarme el examen, el doctor me llamó pidiendo que fuera al consultorio acompañada. Fue en ese momento en que supe que algo pasaba; pero, aferrada aún más a Dios, decidí no anticiparme, confiar y esperar, un día a la vez; me ocuparía cuando tuviera que ocuparme. Se hacía cada vez más fuerte mi petición al Señor de que me llevara de su mano.

Al llegar al consultorio, el doctor esperó a que entrara tu papá y confirmó el diagnóstico: adenocarcinoma ductal infiltrante/carcinoma invasor de tipo no especial (OMS). Escuché el diagnostico, pero no terminaba de reaccionar. Tenía a tu papá a mi lado, escuchando, recibiendo la noticia que cambiaría nuestras vidas. Intentábamos ser fuertes, ambos sin vernos a la cara, con la mirada puesta en el doctor. Recuerdo que le pregunté si podía viajar. Parece extraño que una persona reciba un diagnóstico de una enfermedad mortal y no pregunte si va a morir, yo solo pregunté si podía viajar. Tenía la convicción de que esto no iba a acabar con mi vida, porque aún no se había cumplido el propósito de Dios en mí. Faltaba mucho por hacer. De lo que no estaba segura era de cómo afectaría este diagnóstico mis planes de trabajar en otro país, estando tan cerca la fecha del primer viaje y, peor aún, cómo afectaría mi vida.

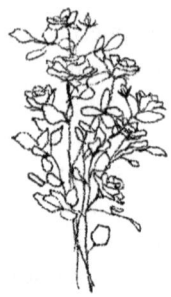

# TENGO CÁNCER

Hijo mío, ocurrieron muchas cosas antes de tu llegada, y esta es una de ellas. Cuando pensaba que no podía estar peor, teniendo que enfrentar una posible menopausia que complicaba aún más la posibilidad de un embarazo, me diagnosticaron cáncer.

Esto no lo vi venir. Al salir del consultorio, estaba conmocionada con la noticia, pero relativamente tranquila. Ahora nos tocaba empezar con una serie de exámenes con el objetivo de conocer qué tan avanzado estaba el tumor. Con esta información se establecería el plan de acción. El primer examen era la inmunohistoquímica, que determina el tipo de cáncer. Recuerdo que bajamos del consultorio a planta baja e íbamos por un pasillo que nos dirigía a Anatomía Patológica. Caminando ese pasillo, que me pareció interminable, caí en cuenta de lo que estaba pasando, de que ya nada sería igual, yo nunca más sería la misma; mi vida cambió en un momento, me desplomé, y lloré y lloré.

De pronto, las preocupaciones de mi día a día que tenía que resolver de forma inminente dejaron de ser prioridad; podían esperar, después de todo. No iba a ocurrir una catástrofe si no estaba listo o no se hacía. La verdadera catástrofe me estaba ocurriendo a mí en ese momento, con un diagnóstico de enfermedad mortal sobre la cual no tenía control, una batalla que nunca en mi vida habría querido pelear, ni se lo deseo a nadie. Simplemente me tocó y punto, no quedó de otra; era enfrentarlo o rendirme, y como iba a enfrentarlo de la mano de Dios, pasara lo que pasara, iba a dar la pelea con todo lo que tenía, porque Dios estaba conmigo. Tenía mi fe puesta en Él.

Como me dijo un siervo de Dios y buen amigo, no es el fin de nada: es el principio de muchas cosas.

## Y AHORA TOCA DAR LA NOTICIA

Desde el día uno del diagnóstico, me tocó dar la noticia. Esta era la noticia que nunca en mi vida habría imaginado que daría. Por mucho tiempo soñé cómo anunciar a mi familia y amigos la noticia de estar embarazada, pero nunca que tenía cáncer.

La primera persona en recibir la noticia fue tu abuela. Recuerdo que estábamos sentados en la sala del apartamento de tu tío Orly, yo estaba buscando la ocasión para decirle, pero para dar una noticia así no hay una buena ocasión. De pronto, mi mamá se paró a buscar algo y le dije: «Tengo cáncer».

Empecé a decirle otras cosas más, pero sé que dejó de escuchar desde que solté la bomba, porque empezó a llorar como una niña. Nunca había visto a mi mamá llorar así. Mi mamá no es una persona que llore fácilmente y verla así no fue nada fácil para mí. Traté de calmarla, haciendo una conversación casual en medio de la situación, contándole acerca de los próximos pasos. De más estaba decir que iba a necesitar su ayuda en este proceso. Después de que me casé, cuando enfermaba, extrañaba los cuidados de mi mamá. Quién mejor que una madre para ayudarnos cuando nos sentimos mal. Esta vez no sería diferente: sabía que la iba a necesitar.

Esta experiencia me dio una idea de cómo iba a ser dar la noticia a mis afectos. De mis tres hermanos, a los que tuve que darles la noticia por teléfono, tu tía Maryori lo tomó, aparentemente, con calma; tu tío José, quien desde joven aprendió a manejar el estrés que genera competir en atletismo a nivel internacional, iba manejando cuando le di la noticia y tuvo que estacionarse del impacto; no pudo contenerse y también lloró; a tu tío Orly tuve que dejarle un mensaje después de varios intentos fallidos de comunicarme. Todos se impactaron. Nunca habíamos lidiado con el cáncer en mi familia cercana, y todos de inmediato me ofrecieron su apoyo, lo cual era muy valioso para mí.

A tu tía Ruth, quien se iba a casar en noviembre de ese mismo año, le notifiqué que, lamentablemente, no podríamos ir a su boda. Me habría gustado ser parte de este momento tan importante en su vida, pero no iba a ser posible; debía atender un evento importante en la mía.

A las pocas semanas anuncié la noticia a los hermanos de la iglesia Agua Viva, en la que serví por muchos años. Estar en el altar y ver la cara de hermanas muy conmocionadas que empezaban a llorar no fue fácil. Allí estaba, como sierva de Dios, pastora, mujer, diciéndoles a mis hermanos lo que me pasaba; pero al ver sus caras impactadas tuve el ánimo y la fuerza para consolarlos a ellos.

Así me tocó muchas veces: dar la noticia y consolar a la gente, a pesar de que era yo quien tenía cáncer. La noticia causó mucha conmoción, aun en gente que no era tan cercana a mí. Nunca es fácil dar una noticia así. Tres meses después del diagnóstico y a pesar de que había sido rudamente directa al dar la noticia, había momentos en que se me «aguaba el guarapo». Decir «tengo cáncer» me resultaba difícil, sobre todo al ver la cara de la gente; simplemente, no era fácil.

Dios usó esos momentos tan difíciles para hablarme a través de la gente menos pensada; gente que yo no conocía, que simplemente coincidieron en el lugar y momento conmigo. Es así como, al notificar el diagnóstico a la líder del proyecto en el que trabajaba, mientras íbamos en un taxi camino a la oficina en Panamá, el señor que nos llevaba apagó el radio y me dijo que había escuchado la conversación y desde hacía rato sentía del Señor decirme que esta enfermedad no era de muerte, y que iba a vivir para testificar la gloria de Dios. Como ese hombre, hubo otras personas a las que Dios usó para hablarme. ¡Gloria a Dios por eso!

Sólo hubo una persona a la que no podía darle la noticia de inmediato por recomendación de la doctora, ya que la impresión de la noticia podía afectar al bebé que estaba próximo a nacer. Tu prima Marsolaire y yo hemos cultivado una relación que va más allá de los lazos filiales, hemos logrado establecer una relación de confianza, de tal manera que podemos desnudar nuestro corazón sin temor alguno.

No fue nada fácil, solo pensar en darle la noticia me daba ganas de llorar; pero por amor a ella y a mi futuro sobrino no le dije nada. El día que nos vimos, que se suponía que le daría la noticia y conocería a tu primo segundo, ella me dio la noticia a mí, se acercó y me dijo: «Tía, ya lo sé». Ese día lloramos y reímos. Pude contarle toda esta experiencia que me había tocado. Fue liberador.

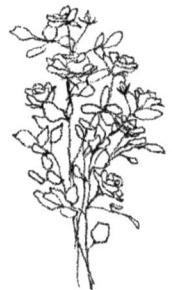

# CONTRA TODO PRONÓSTICO, DIOS TIENE LA ÚLTIMA PALABRA

De acuerdo con la Organización Panamericana de la Salud:

> Cada año en las Américas, más de 462,000 mujeres son diagnosticadas con cáncer de mama, y casi 100,000 mueren a causa de esta enfermedad.
> En América Latina y el Caribe, el cáncer de mama es el cáncer más común entre las mujeres y es el segundo en mortalidad.
> En América Latina y el Caribe, el mayor porcentaje de muertes por cáncer de mama ocurre en mujeres menores de 65 años (56%) en comparación con los Estados Unidos y Canadá (37%).[4]

De acuerdo con esto, el factor de la edad me estaba jugando en contra. Irónicamente, a mis cuarenta y cinco años recién cumplidos, parece que para la ciencia soy muy vieja para ser madre, pero muy joven para tener cáncer de mama.

En mi caso, el tumor en la mamografía no era muy grande por lo que parecía viable que el plan sería: operación,

---

4 https://bit.ly/3S0iaB3

quimioterapia y, muy probable, radioterapia. Aún había que esperar el resultado de la inmunohistoquímica, tomografía y gammagrama óseo para saber si había metástasis o solo había un tumor primario que no se había propagado a otros órganos.

De acuerdo con lo que leí en los resultados del TAC y gammagrama, no había afectación en otros órganos. Esa era una muy buena noticia: no había metástasis. Aparentemente solo se trataba de un tumor primario. Contenta con estos resultados y próxima a mi fecha de viaje, contacté a mi doctor para enviarle los resultados. Ya solo faltaban los resultados de la inmunohistoquímica que tardaban tres semanas, el tiempo que duraría mi viaje, inicialmente.

Me sorprendió recibir una llamada suya en la noche, días antes de mi viaje. El doctor me indicó que en el mismo TAC, que decía que no había afectación de otros órganos, decía que habían dos lesiones y no una. Yo lo leí y pensé que era un quiste y nada más. Ya me había hecho dos ecos mamarios y ninguno arrojó complicación en la mama derecha. Es poco probable tener cáncer en las dos mamas, pero igualmente había que descartar. Con tantas cosas por hacer previo al viaje, ahora veía tambalearse uno de mis sueños: viajar y trabajar en el exterior. Mi prioridad era hacerme un tercer eco mamario con una doctora recomendada, especialista en ecografías. Ahora tenía que manejar una nueva variable en la ecuación: tener cáncer en las dos mamas.

Ese viernes fue, por mucho, uno de los peores días. Con tantas cosas por hacer, me tocó esperar varias horas para hacerme el examen, horas y horas que me parecieron interminables. Cuando la doctora revisó los exámenes de años anteriores, observó que ya había un indicio y que pudo haberse prevenido.

Ese fue un golpe fuerte: me sentí burlada. Año tras año me he realizado mis ecos mamarios y, después que tuve la edad requerida, las mamografías. Todo indicaba que tenía quistes de agua, nada maligno; nunca me habían dicho otra cosa. ¡Qué golpe tan duro! Más cuando la doctora dijo que cuando nos hacemos estos exámenes por las empresas de seguro, estas, por buscar la economía, ofrecen lugares que no tienen la mejor tecnología. En muchos casos tienen máquinas obsoletas que no dan resultados fidedignos y una va confiada a un lugar de estos, recomendado por el seguro. Me dijo literalmente: «Es mejor invertir y pagar uno mismo su examen».

Ahora puedo afirmar eso, es mejor gastar tu dinero en exámenes de prevención porque se va a gastar menos de lo que tendría que gastar para recuperar la salud. Le doy gracias a Dios porque conté con el apoyo de mi mamá, quien, a pesar del mal momento que estaba viviendo, trataba de animarme. Contar con su apoyo durante todo este proceso fue muy importante.

Envié los resultados al doctor. Ahora la pregunta: ¿Puedo viajar? Yo quería hacerlo, realmente era lo que más quería y se me iba a partir el corazón si me decía que no; pero no me iba a arriesgar. Si tenía que quedarme y hacerme nuevos exámenes, lo haría. Gracias a Dios, la respuesta fue afirmativa, podía viajar. A mi llegada de Panamá haríamos la segunda biopsia.

Ahora que lo pienso, mi pequeño, te confieso que sabía que tenía que enfrentar este proceso. Lo estaba haciendo con los exámenes, pero no quería enfrentar el tratamiento aún. Ya que sabía que una vez que empezara, perdería el control de decisión; el control lo tendrían otros menos yo, y todavía no estaba preparada para ceder el control. Quería viajar, conocer otro territorio, perderme en la experiencia del viaje y olvidarme del cáncer por un momento. No sabía si volvería a vivir este momento, así que mi intención era vivirlo al máximo. Después enfrentaría lo que me tocaba enfrentar.

Finalmente, viajé a Panamá. Me perdí tantas veces que olvidé la cuenta. Siempre con mi compañera de aventuras, mi amiga (y tu tía) Sherly; y otras veces iba sola. Reí, lloré, hablé; conocí gente y lugares, y comí ricamente. En fin, viví la experiencia, haciendo mi mejor limonada con los limones que me tocaron. Fue tal como lo pensé, quería repetirlo y había la posibilidad de hacerlo, pero todo dependía de lo que indicara el doctor.

Al llegar, me realicé la segunda biopsia. Si el examen resultaba positivo, había que determinar si se trataba del mismo tipo de cáncer. El peor escenario era tener el mismo tipo de cáncer, ya que, en ese caso, lo más probable era que el tumor hubiese viajado de una mama a la otra. En todo caso, había que esperar los resultados de la biopsia para accionar. Así que pude viajar nuevamente mientras estaban listos los resultados de la biopsia de la mama.

Los resultados llegaron a las dos semanas: negativo para carcinoma. ¡Gloria a Dios! No tengo cáncer en el otro seno, una buena noticia. Tomé la decisión de quedarme las dos semanas que quedaban del viaje en lugar de regresar en ese mismo momento. Después enfrentaría lo que me tocaba enfrentar, quería tener el control un ratico más.

Llegué de mi viaje a finales de noviembre, ahora sí, dispuesta a enfrentar todo lo que venía. Fui con mi mamá al médico para ponerle fecha a la operación. Ya había decidido hacer la mastectomía doble. No fue una decisión fácil; inicialmente no lo había pensado, pero, finalmente, después de meditarlo mucho, decidí hacerlo.

Resulta que, mientras yo esperaba que el doctor me diera la fecha para la operación, cuando él revisó el resultado de la inmunohistoquímica, que habíamos visto antes de mi segundo viaje, y después de examinarme, me dijo que el tumor era agresivo y había crecido mucho en un mes, por lo cual recomendaba que se iniciara con quimioterapia y posterior a ello la operación.

El resultado de la inmunohistoquímica reflejó que el tipo de cáncer era *HER2* positivo, de acuerdo a www.breastcancer.org

Los casos de cáncer de mama de receptores HER2 positivos tienden a crecer más rápido y es más probable que se extiendan y se vuelvan a formar, en comparación con los casos de cáncer de mama HER2 negativos.⁵

Yo no podía entenderlo. ¿Qué paso? ¿Cuándo el tumor se volvió agresivo? ¿Por qué no se habló de esto la primera vez que revisamos los resultados? En mi afán por cumplir mi sueño, ¿puse en mayor peligro mi vida? Solo me tomé dos semanas más. Otra vez se me movió el piso. Estaba confiada, tenía cáncer, pero era una lesión pequeña. La lesión del otro seno no era maligna y todo estaba a tiempo; pero, de pronto, todo cambió. Era como si, confiada en que iba a ganar, hubiese jugado la ruleta rusa y hubiese perdido. ¡Esto no puede estar pasando!

No sabía cómo procesar esta nueva eventualidad. Apenas había aceptado operarme. Ese era el plan, operarme, quimioterapia y radioterapia; ahora, con este cambio, tenía que adaptarme a otra logística, procurar todo lo necesario para iniciar la tan temida quimioterapia. Aun en las películas, la quimioterapia la muestran como la parte más difícil de la enfermedad, donde se pierde la apariencia física y los efectos secundarios por el tratamiento pueden ser tan fuertes como su acción sobre las células enfermas. En la realidad de país que vivimos, ¿cómo iba a hacer para conseguir los medicamentos para hacer la quimioterapia?, ¿dónde la iba a hacer?, ¿cuento con las finanzas para ello?, ¿me voy a otro país a recibir la atención que requiero ahora como paciente oncológico o me quedo? Muchas dudas, mucha incertidumbre.

Recuerdo que esta vez le pedí al Señor que me cargara, porque no tenía fuerzas para caminar, ni siquiera de su mano.

Acudí con el oncólogo, médico recomendado por el doctor. Con esto se dio respuesta a quién y dónde me haría las quimios. El doctor me dio el plan de tratamiento. Serían seis ciclos de quimioterapia; un ciclo cada veintiún días y

---
5 www.breastcancer.org

dieciocho ciclos de Trastuzumab. Los medicamentos los podía conseguir en la farmacia de alto costo del seguro social; pero, por la situación del país, las probabilidades de conseguirlos no eran muy buenas. En todo caso, no podría empezar el tratamiento hasta tener todo el tratamiento para el primer ciclo.

Dios proveyó todo lo necesario para iniciar la quimio, y así empecé el primer ciclo, sin saber qué esperar, sin saber cómo me iba a sentir, pero contenta porque en la batalla contra el tiempo que tenía ya había una victoria.

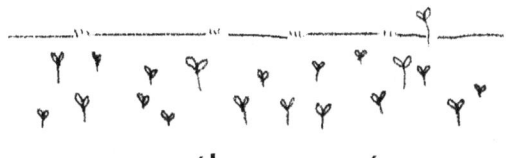

## ¡AHORA SÍ! EMPEZÓ TODO

Ya tenía la fecha de inicio. El lunes 3 de diciembre iba a empezar el tratamiento. El día anterior estaba en mi casa, pasando mi domingo como cualquier otro, contenta porque empezaría el tratamiento, pero tratando de no pensar mucho en ese mundo desconocido que conocería al día siguiente. Ese domingo, tu prima Marsolaire me envió un mensaje:

> No imagino cómo debes estar sintiéndote en este momento, todas las emociones, pensamientos, todos los miedos... toda esa ansia de futuro, de que esto pase rápido, el miedo al cómo será, qué pasará ahora. ¡Chama, eres tan valiente! Has enfrentado esto tan llena de sonrisas y de Fe; pero ahora sí, llegó el momento... Ahora toca ser más valiente. Hace meses comenzaste a batallar con esta enfermedad desde el mundo espiritual, en oración.... pero, a partir de este momento, esa batalla también será desde el mundo físico, e imagino

que va a ser la batalla más difícil de tu vida, pero ¡la vas a ganar! Tengo toda mi Fe puesta en ello... Estas son tus últimas horas siendo la mujer que has venido siendo hasta ahora, porque, sin lugar a dudas, toda esta experiencia que vas a atravesar te cambiará por completo, y va a ser duro, sin duda. ¡Lo que viene es fuerte, pero Dios estará allí contigo en todo momento!
Ahora, lo que queda es ser fuerte sin importar más nada. Y claro que habrá momentos de miedo, de debilidad, en que la fuerza se vaya, en que no encuentres los ánimos, en que las cosas pierdan un poco el sentido... pero nosotros, tu familia, que tanto te amamos, estaremos allí a cada momento para recordarte lo fuerte y maravillosa que eres.
Esta es tu batalla, pero no estás sola. Nosotros estamos atrás sosteniéndote, nosotros batallaremos contigo y luego sonreiremos victoriosos. Esto solo será un recuerdo, una anécdota de sanación.

**Te amo, tía.**

¡Cuán certeras fueron esas palabras!

Llegué al lugar con tu abuela y tu papá sin saber qué esperar o cómo me iba a sentir; pero contenta, porque en la batalla contra el tiempo que tenía ya había una victoria y en situaciones como estas hay que celebrar las pequeñas victorias.

Pensaba que era algo así como muestran las películas, personas casi moribundas, con la enfermedad pintada en su cara, dando su mayor esfuerzo por sobrevivir a esta enfermedad, haciendo el mismo tratamiento que yo iba a empezar. Fue una agradable sorpresa ver gente amigable que me recibió amablemente en el lugar que compartiríamos por buen un tiempo cada veintiún días. No tenían rostro de enfermedad: tenían una sonrisa de bienvenida pintada en sus caras.

En esa primera sesión no quise hablar mucho, solo empezar de una vez por todas, enfrentar la incertidumbre de no saber qué esperar de lo que haría la quimioterapia en mi cuerpo. Me senté en el sillón, y apenas empezó a pasarme el tratamiento por las venas, cerré mis ojos y dormí. Resultó que lo toleré bien, no tuve ninguna reacción alérgica ni tampoco me descompensé. Lo más complicado ese día fue ponerme la vía e ir al baño mientras estaba con el tratamiento. Prueba superada: no fue tan difícil como pensaba.

Los dos primeros días me sentí bien, pensaba que no era tan difícil después de todo; fui inocente al pensar eso. Exactamente al tercer día empezó una fuerte fatiga, dolor muscular, poco apetito; era como una gripe muy, pero muy intensa. Gracias a Dios el octavo día empecé a sentirme mejor y poco a poco recuperé mis fuerzas.

Esta experiencia tuve que vivirla por cinco ciclos más. A partir del segundo ciclo, ya sabía qué esperar, así que solo debía encontrar la mejor manera de sobrellevarlo. Contaba cada ciclo como los presos cuentan los días que les faltan para su libertad. En cierta manera, era así.

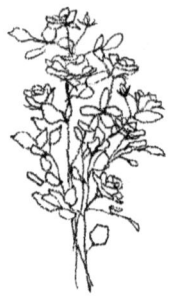

## CAMBIO DE LOOK OBLIGATORIO

Desde pequeña me interesó arreglarme el cabello; aprendí a secarlo, plancharlo, alisarlo, pintarlo, hidratarlo y cortarlo. Este fue siempre un tema de gran interés para mí. Lo usé rizado y liso, pasé por los colores desde castaño y caoba hasta negro azulado; lo más largo, a una cuarta de la cintura, y lo más corto, sobre mis hombros.

Cuando empezó este proceso, mi temor era perder mis senos y mi cabello. El temor de perder el cabello me tocó enfrentarlo al iniciar la quimioterapia. El médico me dijo que a los catorce días del primer ciclo de quimioterapia perdería mi cabello. Nunca, desde que tengo uso de razón, he tenido el cabello corto. Una vez pasó por mi mente raparme el cabello, pero fue algo fugaz. Pensaba que no me quedaba bien el cabello corto y, además, me gustaba mi cabello largo.

Pero, antes de que llegara ese momento, debía tener listo mi plan B, o plan de comprar peluca. Como no sabía cómo me iba a sentir sin cabello, decidí comprarme una peluca. Dado que durante los últimos años había usado mi cabello oscuro, quería irme por los rojos o rubios, algo diferente. Las pelucas que vi en la fundación donde me atendí por primera vez no me terminaron de gustar. La persona que atendía tampoco fue muy amable que digamos. No hace falta un trato especial, solo empatía. Vas a comprar una peluca porque vas a perder tu cabello, no por vanidad; necesitas sentirte bien con lo que vas a usar. No es que vas a ir disfrazada ni nada por el estilo. Necesitas tomarte tu tiempo para elegir y darte cuenta si te vez reflejada en esa imagen que ves en el espejo; no que te apuren ni te presionen para elijas. Pero, gracias a Dios, solo me topé con una persona así durante todo el proceso.

Salí de ese lugar triste de solo pensar que la opción que tenía era usar una de esas pelucas. Ese mismo día fui con mi mamá a otra fundación. Lo difícil fue encontrar la ubicación, pero allí estaba la peluca que elegiría para mi plan B. Después de una primera búsqueda sin éxito, la persona que nos atendió trajo unas pelucas que habían llegado recientemente, me medí unas cuantas hasta que la encontré. Era una peluca con pollina y reflejos rubios, era bella y me sentía bien con ella. ¡Que alegría! Encontré mi peluca.

El viernes 14 de diciembre, once días después de la primera quimio, noté que empezó a quedarse en mi mano gran cantidad de cabello al pasar los dedos por la cabeza. Decidí cortarme el cabello, como quería preservarlo, me hice una cola de caballo y empecé a cortar después de la cola, hasta que se separó por completo de mi cabeza y quedó en mi mano, esto fue algo que decidí controlar. Durante este proceso era poco lo que podría controlar, sabía que mi cabello iba a caer, pero quería cortarlo yo antes de que se desprendiera de mi cuero cabelludo. Este era mi corte intermedio antes de perder por completo el cabello. De esta manera, enfrentaría mejor la transición del cambio total. Decidí no cortarlo por completo, con este paso era suficiente por hoy: un paso a la vez.

La segunda sesión de quimioterapia fue el 21 de diciembre. Me correspondía el 24, pero la adelantaron, porque, siendo honestos, ¿quién quiere pasar navidad en quimioterapia? Por mi parte, pasaría mi recuperación en mi casa, al cuidado de tu papá. Estas serían unas navidades muy diferentes a las anteriores, en las que preparábamos banquetes los 24 y 31, compartíamos con la familia o solos y veíamos películas hasta amanecer los 25 y los primeros de enero. Esta vez no sería igual.

A los dos días de la segunda quimioterapia, mi cabello, ya corto, empezó a caerse en grandes cantidades. Así que le dije a tu papá que había llegado el temido momento de cortarme por completo el cabello. Tomé su afeitadora y, con temor, la pasé por mi cabeza. Ya había comenzado cuando llegó tu papi y me ayudó a hacerlo. No te voy a mentir, fue un momento emocional. Tu papá, mi esposo, a quien le encanta que tenga mi cabello largo, estaba pasando una afeitadora por mi cabeza.

«Es sólo cabello, ya me crecerá y me crecerá bello y hermoso». Esas eran mis palabras de aliento, no solo para mí, sino para los que me amaban que, junto conmigo, estaban sufriendo este proceso. Esto no me define a mí, no voy a permitir que lo haga; así que me maquillé y puse mi mejor sonrisa para la foto que me tomé para rememorar ese día.

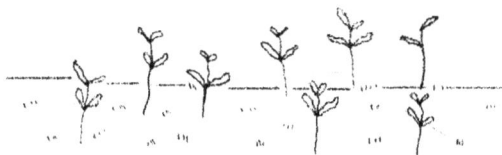

## NAVIDADES Y QUIMIOTERAPIA

Diciembre es una fecha especial para mí. Me gustan las navidades y me casé en esa época. Así que es un mes de celebración. El 27 de diciembre cumplimos veintiún años de casados. No tenemos la misma sangre, pero es carne de mi carne, como dice en Efesios 5:31 «Por esto dejará el hombre a su padre y a su madre, y se unirá a su mujer, y los dos serán una sola carne.»

Hasta este momento hemos vivido las buenas, las no tan buenas y las malas; pero siempre juntos. El día de nuestro aniversario es un motivo de celebración, independientemente de la circunstancia que estemos viviendo. Hoy hay vida en mí y he decidido que quiero celebrarlo. Mientras podamos, lo celebraremos.

Mi familia me visitó antes de finalizar el año; tus abuelos, tíos y primos que aún están en Venezuela. Ya estaban terminando los días fuertes de los efectos de la quimio y me sentía bien, así que intenté hacer algo para recibirles y pasar un rato.

Ver a Fabian, el hijo de tu prima Marsolaire, es terapéutico para mí. Le llamo mi sesión de bebe-terapia. Es increíble el bien que me hace verlo; aun en videos o fotos, los niños tienen algo especial que te inyecta esperanza y eso es precisamente lo que recibo al ver a ese bebé tan hermoso, el milagro de la creación de Dios.

Me gustó mucho ver a mi familia y compartir con ellos en mi casa. Ellos, aun tus tíos José y Orly que están fuera de Venezuela, han estado presentes durante todo este proceso. Me han ayudado de formas que ni se imaginan. Es bueno sentirse acompañado en estos momentos, me da más fuerza para seguir luchando.

Creí que, como me sentía bien, podría atender a mi familia sin problema, pero en un momento, así de pronto, sentí que perdí las fuerzas y me iba a desmayar. Obvio, todos se asustaron y se encargaron de todo lo que faltaba. No lo sabía, pero me cuesta ceder el control de mi cocina. No obstante, me tocaba rendirme y dejar que me ayudaran. No es perder, es reconocer que no podía hacerme cargo de muchas cosas, y que la ayuda era más que necesaria.

Mi cuerpo me sigue hablando y reclamando que no puedo seguir como antes, porque nada es como solía ser. Me costó recuperarme, pasé varios días con fatiga. Es extraño, porque en tu mente tienes el ánimo para hacerlo, pero tu cuerpo no responde, no colabora en poner el plan en acción.

El doctor me dijo que podía comer todo lo que me provocara, así que, un día, antes de finalizar el año, me provocó comer Nutella. La comí con galleta y sola, muy rica, pero no pasó ni una hora cuando me sentí terrible y terminé vomitándolo todo en el baño. Le agarré aversión por un buen tiempo a este dulce: no volví a probarlo hasta que finalicé todos los tratamientos.

Apenas dos sesiones de quimioterapia y ya mi cuerpo sentía el impacto, no solo en mi cabello; empecé a aborrecer alimentos, a cansarme más rápido y, cuando tenía fatiga, no quería hablar.

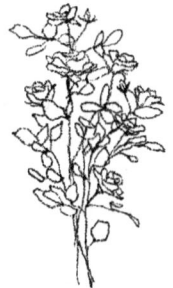

# DESCUIDA, NO ME VOY A ROMPER

Después de la primera etapa de negación, la mejor manera que tuve para enfrentar la enfermedad fue la actitud, no sentir lástima ni autocompasión; simplemente, esto fue algo que pasó, le podía pasar a cualquiera y me paso a mí. Así que decidí seguir adelante, un paso a la vez, decidida a tomar el toro por los cachos y no dejar que este me tomara a mí. Tener la fe y la certeza de que Dios tiene el control fue muy importante; no sabía qué iba a pasar, ni cómo sería todo este proceso, cómo reaccionaría mi cuerpo, ni si tendría que pasar por el duro proceso de que alguien hiciera por mí mis tareas fundamentales.

Tampoco sabía si tendríamos los recursos económicos necesarios: los tratamientos para vencer esta enfermedad son muy costosos; o si contaría con la ayuda y el ánimo necesario para enfrentar todo el proceso; si este proceso sería tan fuerte y doloroso que me daría por vencida antes de finalizar o si preferiría perder la batalla que prolongar la agonía de seguir luchando, por el dolor y el daño a causa de los efectos secundarios que los tratamientos podrían causar a las células sanas de mi cuerpo; pero lo que sí sabía era que Dios estaba al control y que, como todo padre, Él quiere lo mejor para sus hijos. Estar consciente de esa verdad me daba paz.

Por esa razón decidí confiar y vivir este proceso un día a la vez, con la certeza de que iba de la mano de Dios y así fue: aun en los momentos más difíciles, cuando sentía que no podía más, Dios me llevaba en sus brazos y caminaba por mí. Tu abuela, que fue quien me cuido la mayor parte del tratamiento, sufría mucho por mí. Ella no lo manifestó nunca; todo lo contrario, trató de hacer de tripas corazón y darme su mejor cara en todo momento, aun en los más difíciles, cuando ni yo me soportaba. Sé que, como madre, quería evitar que hiciera algo que me afectara aún más; trataba de cuidarme como cuando era bebé; quería evitarme el trago amargo, pero la verdad, es que el trago amargo lo tenía que enfrentar quisiera ella o no. Ya no era su bebé, era su hija hecha mujer, en sus plenas facultades, a la cual le tocó vivir este proceso y nada de lo que hiciera podía evitar que lo viviera.

No permití que esta enfermedad me definiera, ni que me trataran como enferma. Solo estaba peleando esta batalla que nunca quise pelear, pero que me tocó enfrentar. Decidí hacerlo: darme por vencida no era una opción. Es por eso que no permití que me frenaran diciendo que no podía hacer esto o aquello, y mucho menos que me trataran como enferma. Si los doctores decían que podía hacerlo, lo hacía. Me propuse no permitir que esta enfermedad me afectara más de lo que ya lo iba a hacer, aun si los que me amaban sentían miedo por mí; porque la verdad es que, si bien el cáncer afecta a toda la familia alrededor, es una sola persona quien lo padece en carne propia. Este poema que escribí refleja mi sentir al respecto:

> No me trates como si me fuera a romper. No soy una vasija de cristal; soy una vasija de barro que debe ser pasada por fuego para fijar los bellos detalles que el alfarero plasmó en mí.

No sientas pena por mí. Si debo pasar por esto, es porque tengo la fortaleza para hacerlo. El fuego no me va a romper; al contrario, reflejará mi belleza y mi fuerza.

Por más que quieras, no puedes evitar que pase por el fuego, porque este es el proceso final por el que debo pasar para ser capaz de contener todos los tesoros y cumplir así el propósito del alfarero que me creó.

Por favor, no me mires como si me fuera a romper. Soy una vasija de barro; no soy de cristal.

# TERCER CICLO DE QUIMIOTERAPIA

Ya para el tercer ciclo de quimioterapia se había caído todo mi cabello: estaba completamente calva. Estaba enfrentando el impacto que genera en la gente el ver una mujer calva: unos se burlan, otros se asustan, otros ponen su mejor cara de lástima y muy pocos ven a la persona. Es mucho más fácil para un hombre enfrentar la pérdida del cabello durante la quimioterapia, pues no tiene que lidiar con las emociones de las personas al verlos. La calvicie en los hombres es más aceptable, no así en la mujer, lo que obliga a muchas de nosotras a cubrirla, no solo para sentirnos mejor, sino para que los demás no se impacten al vernos.

Yo, por mi parte, no siempre usaba la peluca. Sobre todo, la use para ir a la oficina. Seguir trabajando era importante para mí, y lo menos que quería era que me desecharan a causa del impacto que generara en ellos el verme calva. No sabía cómo iban a reaccionar y no me interesaba comprobarlo en ese momento. No quería que me vieran como enferma. Podía seguir trabajando, con ciertas limitaciones, pero podía hacerlo.

La verdad, yo me veía linda sin cabello. No es algo que deseaba comprobar, pero como me tocó hacerlo, lo viví al máximo. Con un buen maquillaje de cejas y pestañas, además de un vestuario acorde, uno puede seguirse viendo femenina y regia. Es cuestión de perspectiva.

# CUARTO CICLO DE QUIMIOTERAPIA

Cada veintiún días veo a mis compañeros de batalla. Poco a poco nos hemos ido conociendo. Recuerdo que al principio no me interesó mucho conocer a nadie; solo quería empezar, terminar e irme; pero, poco a poco, eso fue cambiando. Compartimos una experiencia, fuimos diagnosticados con cáncer y estamos decididos a vivir. Hemos visto cómo sesión tras sesión va cambiando nuestro cuerpo. Muchos no tenemos cabello, otros perdieron las cejas y pestañas, y otros ya tienen su nuevo cabello, pestañas y cejas.

Somos compañeros de quimio, de diferentes edades y experiencias de vida. Cuando nos vemos, nos saludamos con mucho cariño y compartimos los síntomas que experimentamos la última vez. Intercambiamos consejos de nutrición, dónde conseguir los medicamentos y hasta cuándo nos salimos de la dieta. Nos aconsejamos desde la experiencia de saber lo que el otro está viviendo; hay empatía en medio de nosotros, nos reímos y hacemos chistes de nuestras vivencias. Nos hemos convertido en un grupo de apoyo, compañeros de batalla. Tener este grupo de apoyo es importante. Era la parte buena de cada sesión de quimio; el encuentro, alegrarnos por los avances de cada uno y animarnos a continuar era muy alentador, así como contar con Osbell, el mejor enfermero de todos, quien hacía su mejor trabajo para hacer este tiempo agradable en la medida de lo posible. Al menos, sus bromas lo eran.

A estas alturas me molestan los olores fuertes; dejé de usar perfumes y los olores de ciertas comidas me molestan un poco. El agua me sabe a metal y no tolero ciertas comidas. Esta vez, durante los días malos, se me bajó la tensión mientras comía con mi mamá y casi me desmayo. Ya en el séptimo día, empiezo a sentirme mejor y a recobrar el ánimo. Esto es algo que me pasa y he aprendido a manejarlo.

Desde finales de enero pude trabajar por más tiempo y vivir nuevamente la experiencia de viajar por trabajo; volar sobre las nubes de algodón, sintiendo que el cielo es mi límite. Pensaba que era algo que no volvería a hacer en mucho tiempo y hacerlo de nuevo me hizo mucho bien. Si bien no puedo tener jornadas de trabajo tan extensas, lo importante es que puedo hacerlo y me siento útil. Esta es mi manera de tener vacaciones de la enfermedad durante los días buenos.

# QUINTO CICLO DE QUIMIOTERAPIA

• Ya sólo me queda una quimio! ¡Yeeeeee..!

Antes de empezar cada ciclo debe revisarme el oncólogo médico, doctor Juan Rodríguez, quien, de acuerdo a las reacciones experimentadas y los resultados de los exámenes, decide si modificar o no el plan de quimioterapia. Con cada quimioterapia, el cuerpo se va resintiendo. Esta vez experimenté lesiones en la piel, dolor en las uñas de las manos y un lagrimeo constante en los ojos. De acuerdo con el doctor, los conductos lagrimales se tapan a consecuencia de la quimioterapia. Con el tiempo, me di cuenta de que estaba perdiendo las pestañas, lo que también ayudaba a que me lloraran los ojos. Hasta la peluca que usaba para ir a la oficina me molestaba, porque, con la pérdida de pestañas, la pollina se me metía en los ojos. Esto lo resolví cortando la pollina. Era la manera de poder seguirla usando.

Los días malos van aumentando en intensidad con cada sesión. La tensión me baja al punto de casi perder el conocimiento. Esos días debo pasarlos en cama. Aunque mi mente quiere hacer muchas cosas, mi cuerpo no me responde. En los días malos recuerdo que cuando más oscuro está es porque pronto va a amanecer. No me queda otra opción que esperar pacientemente que pasen, que mi cuerpo poco a poco se recupere y empiece a responder.

Por eso aprovecho los días buenos para estar lo más activa posible, probando mis límites, siempre en contacto con mi familia y afectos. Muchos de ellos, rompiendo la barrera de la distancia para decir presente. Trabajo, viajo, camino, vivo y disfruto la experiencia de estar activa, decidida a luchar y a aprovechar cada día bueno, estoy viva y quiero disfrutarlo. Esta vez, recuerdo que reí tanto hasta que me dolió el estómago. Estos buenos momentos hacen que los malos momentos de los días malos sean más llevaderos.

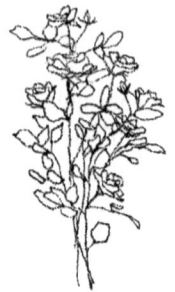

# SEXTO CICLO DE QUIMIOTERAPIA

• Última sesión de quimioterapia! ¡Yeeeeee…!
 Esta vez, los efectos de la quinta sesión no habían terminado cuando ya me tocaba la siguiente. Pero lo importante es que ya es la última; ya termino este tratamiento y avanzo al siguiente nivel, la operación.

A estas alturas, a consecuencia de la quimioterapia, perdí el cabello, las pestañas, las cejas, algunas uñas de mis manos y pies; mi piel se resintió, así como mis ojos y estómago, y la fatiga fue en aumento con cada quimio. El doctor me dice que una de las quimioterapias, el doxetacel, causó gran parte de esto, que la mayoría de las veces no causa tanta afectación; caí en la estadística de los efectos secundarios menos frecuentes.

Haciendo control de daños de esta batalla, parece una victoria pírrica, pero no es así, porque dentro de muy poco tiempo mi cabello, uñas, pestañas y cejas empezarán a crecer. Mi piel se regenerará, mis ojos y estomago se recuperarán. Peleé por mi vida y, aunque esta batalla ha sido difícil, logré superarla. Soporté las seis sesiones y el tumor se redujo considerablemente. Si eso no es una victoria, entonces no sé qué lo será. ¡Dios ha sido bueno!

Al igual que yo tres compañeros de batalla finalizaban sus quimioterapias, así que el ambiente era de celebración. Casi era una celebración de fin de año escolar, para nosotros era algo así. Durante este tiempo formamos un vínculo. No nos unió el cáncer, nos unieron las ganas de vivir. Sin importar el tipo o qué tan avanzado estaba, todos estamos decididos a pelear la batalla, determinados a darlo todo por vivir, haciendo la mejor limonada con los limones que nos tocaron. Ya no habrá más quimioterapia. Ese es un motivo para celebrar, para dar gracias a Dios porque, a pesar de que ha sido difícil, he podido tolerar los efectos secundarios. Solo me falta superar este último y seré libre de los días malos a consecuencia de la quimioterapia. Aunque a diferencia de ellos, yo tendría que seguir asistiendo cada veintiún días por doce sesiones más para la terapia hormonal, pero este era un tratamiento más rápido y al día siguiente ya estaría activa para continuar mis actividades.

Una vez superados los diez días, volví a viajar por trabajo, pero esta vez mi cuerpo estaba más resentido, mis ojos lloraban, las uñas de mis manos supuraban y la fatiga aumentó. Mientras estuve con las quimios, las veces que viajé lo hice por un máximo de ocho a diez días. A mitad de mi estadía experimenté otro efecto secundario nuevo: mi cuerpo empezó a hincharse, mis manos y mis pies. Un día ya no pude ir a la oficina porque mis pies estaban tan inflamados que no me podía mantener parada. Me quedé en el hotel, extrañé a mi mamá, a mi esposo. No es nada cómodo sentirse mal y estar solo en un hotel en otro país. Esta vez me arrepentí de haber viajado. Quería que pasaran los días, poder superar este mal momento sin mayores inconvenientes que los que ya estaba viviendo para regresar a mi casa a continuar con lo que tenía por delante. De esta experiencia me quedó la decisión de no viajar más hasta estar recuperada.

El vuelo de regreso fue difícil: no me sentía nada bien, estaba muy fatigada y la inflamación aumentó. Había acordado con tu papá vernos en casa de tu abuela Olga, para regresar a nuestra casa al día siguiente. Por la expresión en la cara de ellos al verme, diría que me veía peor de lo que me sentía. Estaba tan agotada que me acosté al poco tiempo de haber llegado. Esa noche pasó algo, estaba dormida y desperté al sentir a tu papá abrazarme y llorar como un niño. Fue la primera vez durante todo este proceso que tuvo miedo de perderme. Él siempre mantuvo la calma hasta ese día y también después de ese día.

La guerra contra el cáncer continúa. Vienen otras batallas, pero esta, finalmente, terminó.

# OPERACIÓN, MASTECTOMÍA BILATERAL DOBLE

Cuando me dieron el diagnóstico, el plan inicial era operarme y luego aplicarme la quimioterapia, pero la prioridad cambió debido a lo agresivo del tumor. Así que el nuevo plan fue quimioterapia, operación y, muy posiblemente, radioterapia.

Con respecto a la operación, debía tomar la decisión acerca del procedimiento a realizar. Recuerdo que le pregunté a tu tía Pauline que es enfermera:

—¿Qué harías tú si este fuera tu caso?

Y ella me respondió unas palabras que en su momento me impactaron, pero hoy por hoy las considero sabias y las agradezco. Me dijo:

—Cuñada, en mi experiencia, la gente con cáncer que he visto viva después de diez años son aquellas que han tomado decisiones radicales. No se preocupan por perder una parte de su cuerpo, porque están preocupadas en vivir.

No fue fácil. Algo en lo que siempre pensé fue en amamantarte, en alimentarte y que mamaras de mis senos mientras yo me deleitaba con tu cara, pero eso no iba a poder ser, me tocó despedirme de ese sueño. Tomé la decisión de hacerme una mastectomía bilateral.

En la empresa donde trabajaba hicieron una recolecta, y así, con la ayuda de mis compañeros de trabajo y mi familia, completamos para la operación. El costo de la operación era algo que me preocupó desde el inicio, pues los costos son altos, y con la devaluación, estos precios aumentaban constantemente. Además, la cobertura del seguro no llegaba al veinte por ciento del total. Pero, una vez más, Dios me sorprendió. Además del apoyo económico de mis hermanos, tres de mis compañeros de trabajo transfirieron directamente a mi cuenta una suma considerable de dinero. Dios movió mucha gente a mi favor para lograr esta meta.

Fue así como, el lunes 15 de abril de 2019, estábamos tu papá y yo a las siete de la mañana en la clínica. De las opciones de fechas que me dio el doctor, escogí esa porque el domingo empezaría la nueva temporada de *Juego de Tronos*, una serie que disfrutábamos de ver tu papá y yo. Quería ver este nuevo capítulo. Ese sería mi último momento antes del cambio que iba a sufrir mi cuerpo.

Ya alistándome para entrar al quirófano, llegó el doctor Carlos Velandia, mi cirujano oncólogo, a evaluar mi estado para decidir el plan de acción. Fue así como, al palpar los ganglios en mi axila izquierda, me dijo que lo más probable es que haría un vaciado ganglionar, porque la zona estaba muy inflamada. Eso era algo que no quería que hiciera, me había preparado para perder mis senos y algunos ganglios, no para perderlos todos ni para vivir con las consecuencias que esto traería a mi cuerpo. Sabía que estaba inflamada desde la última quimioterapia y confiaba en Dios en que fuera solo eso. El plan dependía de los resultados de la biopsia una vez extraídos los tejidos, en ese momento se decidiría si serían más radical aún o no.

Después de la evaluación oncológica, tocó la evaluación del cirujano plástico y del anestesiólogo. Mi mamá llegó durante esta última evaluación. Tanto tu abuela como tu papá querían estar conmigo hasta el último momento que fuera posible.

A su manera, cada uno estaba enfrentando este momento. Había temor de lo que estaba por suceder, no por falta de fe, sino por lo que el evento en sí representaba. Estaba a punto de entrar para que me mutilaran una parte de mi cuerpo. La operación iba a ser larga y delicada, pues mi cuerpo estaba con las secuelas de la quimioterapia; pero con el cáncer, y menos con un tumor agresivo, esperar no es una opción, había que actuar.

Entré al quirófano y había como diez personas con los doctores discutiendo el plan. Mi temor era que empezaran a cortar antes de que surtiera efecto la anestesia, así que empecé a cantar para que se dieran cuenta de que estaba despierta. Eso es lo último que recuerdo.

La operación duró más de cinco horas y, aunque perdí mucha sangre, lo que ocasionó que la hemoglobina me bajara a ocho, el pronóstico era bueno. Los doctores, muy contentos, le dieron la noticia a toda mi familia que aguardaba en la sala de espera: la operación había sido un éxito.

Este fue un momento de gozo para los míos, muchos de los cuales esperaron cerca de ocho horas para verme entrar a la habitación. Al llegar, vi sus caras alegres aguardando para saludarme. Tu papá y tu abuela fueron los últimos que vi al ir a quirófano y los primeros que recuerdo al entrar a la habitación. Allí estaban también tus abuelos Olga, Orlando y Chiche; tu tía Maryori, tu tío José Antonio, tu primo Richard, tu prima Marsolaire, y a la distancia también estaban mis afectos pendientes de mí. Lo bello de este momento tan difícil era sentir el amor de los míos, aun en la distancia. Dios estaba conmigo, no cabía la mayor duda y eso era lo mejor de todo.

Me hicieron una mastectomía bilateral con reconstrucción, preservando piel y pezón. En este tipo de operación, lo importante es extraer todo el tumor y que el área extraída tenga todos sus márgenes negativos. La estética queda en segundo lugar; primero la vida que la belleza, porque con vida se puede tener belleza, lo contrario es imposible, y yo quiero vivir.

Salí de la clínica al día siguiente, con el área cubierta con apósitos y dos drenajes, uno debajo de cada axila. No tenía mucha movilidad; había quedado débil por la pérdida de sangre. Pararme de la cama era toda una proeza, no estaba consciente de lo importante que son los brazos para poder sentarme estando acostada. Por más que traté, se me hizo difícil incorporarme sola, así que acepté que tu tía Maryori y tu abuela me ayudaran en esa tarea. Asearme era difícil, a duras penas lo podía hacer, pero en eso no cedí, lo hice como podía.

A los pocos días de la operación fui a la revisión con el cirujano plástico. La doctora Lianeth fue quien me quitó los apósitos para revisar la cicatriz. Yo no había visto nada hasta ese momento. La verdad es que quería que todo esto pasara rápido para retomar mi vida. No quería lidiar con la estética, quería vivir y seguir adelante, dejar esta experiencia en el olvido lo más pronto posible.

Pero, lamentablemente, todavía quedaba camino por recorrer. Al descubrir las heridas, se evidenció en cada seno, debajo del pezón, el colgajo de piel de un color morado intenso. Era un área perfectamente delineada, como un trapecio; era más grande e intenso en la mama izquierda. También tenía líquido inflamatorio, el cual se extrajo con una inyectadora. Qué bueno que aún no sentía nada en esa zona, porque sin duda debe doler. Una vez curada el área, se volvió a cubrir. Había que seguir revisando y esperar la restauración de la piel para así evaluar si debía o no hacer radioterapia. El problema es que, al quedar con la hemoglobina en ocho, corría el riesgo de afectar el proceso de cicatrización.

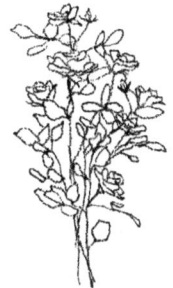

# EL POSTOPERATORIO NO ESPERADO

Pasados cuatro días de la operación, cumplió años tu abuela. Este fue un cumpleaños muy particular, pues seguía cuidándome, así que se movió la reunión familiar para el apartamento de tu tío Orly, donde estaba recuperándome. A pesar de todo, pude compartir un rato con mi familia y comer torta, y, lo mas importante, mi mamá tuvo su celebración. Se lo merecía.

A fin de evitar mayor afectación, la doctora recomendó terapia de oxigenación hiperbárica, esperando con esto controlar el proceso inflamatorio, que la sangre se oxigenara y así facilitara la cicatrización de las heridas. Empecé así un tratamiento que no estaba contemplado en el plan. Debía asistir todos los días; me llevaban tus tíos Maryori y José Antonio, o tu prima Marsolaire y su esposo Alberto; siempre acompañada de tu abuela. Hacía dos sesiones seguidas que consistían en encerrarme en un recipiente hermético con otros pacientes y un televisor pequeño controlado desde afuera por el personal. Allí se aumentaba la presión hasta crear un ambiente hiperbárico.

Siempre iba con un abrigo que tuviera bolsillos laterales para poder colocar los recipientes de los drenajes. Me era más cómodo movilizarme de esa manera. A veces se me olvidaba que los tenía. Un día, al parecer, se me olvidó, porque al caminar, la manguera de uno de los drenajes se enredó con la silla y se despegó del envase, salpicando a una chica que estaba cerca. Hoy lo recuerdo y me río, pero en ese momento me dio algo de pena.

Me hice otro examen de sangre a los diez días de la operación y resultó que la hemoglobina bajó a 7.6. El doctor Velandia me dijo que lo más recomendable era hacerme una transfusión de sangre, porque la hemoglobina seguía bajando y eso ponía en riesgo la operación. Eso era algo que no quería hacerme; yo prefería esperar. No quería recibir sangre de otra persona. A estas alturas estaba débil, un poco frustrada y deprimida con estas nuevas complicaciones. Había podido manejar todo hasta este momento, pero ahora sentía que esto me sobrepasaba. No podía hacer más nada, solo seguir las órdenes médicas y confiar en Dios. Sabía que todo mejoraría pronto; después de todo, Dios tiene el control.

Me hicieron la transfusión de sangre un domingo. Al tener el tumor en el seno izquierdo, todo procedimiento que implique medir la tensión, sacar sangre o tomar vías solo pueden hacerlo por mi brazo derecho. Ya para ese entonces mis venas estaban afectadas y costaba mucho conseguirlas. Esto se volvió más doloroso de lo habitual y terminó causándome miedo ver las agujas en mi brazo.

Al día siguiente, me tocaba la cita para la inmunoterapia. Recuerdo que le dije a mi mamá que no podía más, que no iba a ir, que otro día lidiaría con eso porque en ese momento no podía. No pensé que sería tan difícil: me sentía débil, sin fuerzas, no podía valerme por mí misma, estaba vulnerable. Parecía que esto estaba muy lejos de solucionarse y que aún faltaba tiempo para retomar las riendas de mi vida. Por primera vez sentí la depresión. Le doy gracias a Dios porque mi familia estuvo allí, en especial mi mamá, tratando de hacer más llevadero este trago amargo.

En cada cita con el cirujano plástico me hacían las curas. Extraían líquido inflamatorio y raspaban la piel que estaba cayendo. El colgajo pasó de morado a rojo, lo que, de acuerdo con la doctora, era buen pronóstico. Así empezó a quitarme los puntos, primero de las axilas, esos dolieron un poco; después de la mama derecha, algunos molestaron un poco, pero nada insoportable.

El 15 de mayo, el doctor Velandia me envió los resultados de la biopsia de la operación. Todos los márgenes fueron negativos, una muy buena noticia. En caso contrario, hubiera sido necesario volver a operar. No quería volver a pasar por eso. Aún no me recupero por completo de esta operación. Lo que menos quería era otra intervención. Dios es bueno.

La cura ya no solo la hacía la doctora en el consultorio; también tenía que hacerla en casa. Conté con la ayuda de excelentes enfermeras como Dayana, la hermana Raquel y, en la distancia, desde Chile, tu tía Pauline.

La rutina de mi tratamiento se volvió jornada completa. En las mañanas, terapia hiperbárica; cada veintiún días, inmunoterapia y cita con el Dr. Juan José Rodríguez, mi oncólogo médico; cada quince días con el Dr. Carlos Velandia, mi cirujano oncólogo; y, una vez por semana, revisión con la doctora Lianeth, mi cirujano plástico; aparte de los exámenes de sangre que debía hacerme cada cierto tiempo. Hubo días en los que todo coincidía y era agotador en extremo.

Ya estaba cansada de los drenajes. En cada cita que tenía, le preguntaba a la doctora Lianeth cuándo los sacaría, pero a la vez, sabia que me iba a doler mucho, ya que estaban como una espiral en lo que quedaba de cada mama. Después de varias semanas, sin mucho aviso, llegó el momento y dolió tanto como pensaba. La doctora intentaba distraerme y, con voz siempre calmada y dulce, sacaba uno y otro tema de conversación. Lo mismo hacían Jonathan y mi mamá que estaban allí, pero el dolor era grande. Lo bueno es que fueron cinco minutos de sufrimiento por la anhelada libertad. Una vez retirados los drenajes, fui libre, ya podía moverme más fácilmente.

Había pasado mes y medio, y la herida de la mama izquierda estaba al rojo vivo, no terminaba de cerrar; pero sí se notaba mejoría. Ese color quería decir que había circulación en la zona y que no había tejido muerto.

Antes de cumplir los dos meses de operada, ya me habían quitado todos los puntos y me sentía bastante recuperada. Había recobrado poco a poco la fuerza y pensaba en el momento de volver a viajar por trabajo, aunque fuera por pocos días y así tener vacaciones de la rutina médica que estaba viviendo; y también darles un respiro a todos en mi familia, sobre todo a mi mamá, a la cual le había tocado fuerte.

Me fui a Panamá por ocho días, con muchas, pero muchas indicaciones: sostén postoperatorio en todo momento, no podía cargar peso, tampoco sudar y tenía que curarme la herida cada dos días. A estas alturas, ya tomaba duchas, pero siempre de espalda, para no mojar las heridas.

Salí al aeropuerto y conté con la asistencia en vuelo en todo momento. Mi viaje coincidió con el de dos compañeros, lo cual fue excelente, porque uno de ellos me ayudó a movilizar la maleta del aeropuerto al taxi y luego al hotel. Iba con la peluca puesta para no causar tanto impacto y para que no me fueran a devolver. A la gente le parece extraño ver a una persona no anciana circular en una silla de ruedas, recibiendo asistencia médica, puedo ver en sus caras la interrogante: «¿Por qué solicitará la asistencia? ¿Qué tendrá?».

Ya en Panamá me tocaba enfrentar a mis compañeros con el nuevo cambio. Los senos abundantes habían desaparecido; en su lugar estaban unas pequeñas formas algo redondas. Había dejado de consumir azúcar, lo sustituí por el agave y causó que perdiera peso; aparte del kilo y medio que perdí con la mastectomía. El cambio era evidente y lo notaron. Una vez superada la impresión inicial, comencé a trabajar. A pesar de las limitaciones que tenía para movilizarme, podía hacerlo y trabajar, y se sentía más que bien.

Un tiempo que pasé en mi casa después de llegar, tu abuela Olga vino a cuidarme, lo que era bueno porque así pasaba más tiempo con tu papá, que seguía estudiando y trabajando. Poco a poco, la zona operada retomaba la sensibilidad y las curas empezaban a molestar. La herida no era algo fácil de ver, la hermana Raquel venía a la casa a hacerme las curas; esa tarea se volvió dolorosa. Yo trataba de aguantar lo más posible, pero dolían.

La herida seguía al rojo vivo; no terminaba de cerrar. Era una carrera contra el tiempo, porque había que empezar lo antes posible la radioterapia, ya que, después de seis meses de la operación, esta podía no ser ya efectiva. No solo debía preocuparme por tener el dinero, sino que también estaba el tiempo para poder hacerme la radioterapia. No la podía hacer con la herida abierta, estábamos contra reloj. En la cita con el doctor Juan José, sugirió realizar una biopsia porque estaba tardando mucho tiempo en cicatrizar. No se hizo una biopsia, pero sí un injerto de piel. ¡Eso tampoco lo esperaba!

## EL INJERTO

El 11 de junio, el Doctor Velandia me sugirió hacerme un injerto de piel, tomando tejido de mi cuerpo, ya que había que acelerar la cicatrización y, por ser mi propia piel, era más factible que esta se integrara y cerrara la herida de una vez por todas. Tampoco quería hacer eso. Extraerían piel de la ingle, sería otra cicatriz más, sin tomar en cuenta que en pocos días era el cumpleaños de tu papá y quería por lo menos tener un momento de celebración; algo sencillo, una comida especial y películas. Después de lo vivido, un tiempo así nos venía bien; pero el doctor sugirió que lo mejor era no darle largas y hacerlo, así que acepté. No tenía muchas opciones, después de todo, esperar era arriesgarme más.

El viernes 14 de junio me sometí al injerto. La doctora lo realizó en el consultorio. Estaba algo nerviosa, porque ya había recuperado la sensibilidad en el seno y lo que pensaba era cuánto me iba a doler. Me acosté en la camilla y anestesiaron el área de la ingle, de donde extraerían la piel. Sentí cada pinchazo. Después, la doctora limpió la herida de la mama para quitar la piel muerta. Eso dolió todo el tiempo que lo hizo. Cuando empezaron a extraer la piel, me sentía como cuando limpiaba el pollo o el pernil, que lo colocaba en una tabla de madera y comenzaba a quitar la grasa, solo que esta vez el pollo era yo.

Hubo un extremo que no agarró anestesia y sentí cuando iban a empezar a cortar. Yo, obviamente, lo notifiqué. Para ser sinceros, lo que quería decirles era que dejaran eso así, que yo me iba para mi casa y que la cicatriz cerrara cuando quisiera, no la iba a apresurar. Solo que ya era un poco tarde, debía calmarme y aguantar hasta que terminara, no había más que pudiera hacer. Incluso después de que me pusieron más anestesia, sentí el dolor cuando cortaban la piel en ese extremo hasta que la sacaron por completo. Ahora tocaba pegarlo a la herida del seno. No sé si ya había sobrepasado mi umbral de dolor con la extracción de la piel, pero no me dolió mucho cuando fijaron el injerto en la herida de la mama.

Finalmente acabó el procedimiento. Ahora venía la parte delicada; no podía moverme, solo para ir al baño. El resto del tiempo debía estar acostada; si hacía un movimiento brusco, se podía mover el injerto y todo el trabajo hecho se perdería. Lo que quiere decir que todo el sufrimiento que pasé habría sido en vano. Era definitivo: tu papá no solo no tendría su día especial de cumpleaños, sino que tendría que cuidarme de forma intensiva todos esos días.

Otra vez sentí perder el control, volvía a depender de alguien más para que me cuidara. Me sentía mal de volver a estar en esta situación de vulnerabilidad; pensé que ya estaba superado, pero aún me faltaba atravesar este tramo. A tu papá le tocaría alternar el trabajo y la universidad con mi cuidado durante esos días. Lo bueno es que era fin de semana y si bien él tenía que trabajar, no le tocaría movilizarse hasta el lunes, día de su cumpleaños, que tenía clases en la universidad.

Noté que mi memoria se vio afectada después de la operación. Había eventos o procedimientos que me costaba recordar. Esto era algo nuevo y me causaba confusión.

Recuerdo que le había comprado el regalo de cumpleaños a tu papá y lo guardé aparte cuando lo saqué de la maleta el día que llegué de viaje; pero no recordaba dónde lo había guardado. Quería dárselo en la mañana, antes de que se fuera a la universidad. Como no podía moverme mucho y menos hacer movimientos bruscos, tenía que ir directo a buscarlo; pero no estaba donde pensé que lo había guardado. Me sentí frustrada de no recordar, es una sensación nada agradable. Tu papá se dio cuenta de que me había salido de la ruta aprobada; solo tenía permitido pararme para ir al baño. Así que, me fue a buscar para llevarme de regreso a la cama, recordándome las indicaciones de la doctora: no podía moverme

«¿Qué haces aquí?», fue su pregunta. Me sentí tan impotente que lloré. Solo quería darle su regalo y que tuviera un momento especial ese día. Ya que no podría hacer más por él, pero no podía recordar dónde lo había guardado. Tu papá me tranquilizó diciéndome que el regalo aparecería en cualquier momento; que, cuando él llegara de la universidad, lo buscaría; que me quedara tranquila y no me preocupara.

Mientras terminaba de arreglarse, hice un último intento de búsqueda y lo encontré. Lo había guardado en la peinadora de mi cuarto. Pude darle su regalo antes de que se fuera. Ese día preparó pasticho de comida especial de cumpleaños y torta de chocolate de postre. Después de todo, aunque no fue de la forma esperada, pasamos un buen día y aprovechamos ese momento.

*Carpe diem*, porque se muere solo una vez, pero se vive todos los días de nuestra existencia. Debemos aprovechar el día como se nos presenta, encontrar la belleza oculta en cada situación por más difícil que está parezca. Ese rayo de luz que hará desvanecer las tinieblas.

No esperar el momento ideal para vivir la vida, sino vivir la vida a pesar del momento, con nuestra esperanza puesta en Dios, haciendo la mejor limonada con los limones que nos tocaron.

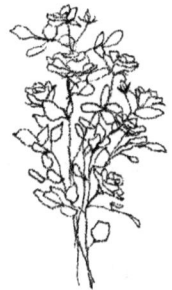

# FALTA UN POCO MÁS

En la siguiente consulta, después de la operación hecha por la doctora Lianeth, resultó que el injerto pegó más de lo esperado, los puntos de la ingle y la mama se veían bien, eran buenos resultados. El reposo absoluto valió la pena. Ahora quedaba esperar a que la piel se integrara, que la cicatriz de la ingle sanara y algo muy importante: el reposo absoluto había acabado.

Quería volver a tener vacaciones de tratamientos y eso lo lograba cuando viajaba a Panamá por trabajo. Si bien iba a trabajar y a trabajar bastante, en esos momentos me sentía útil, en control; era una profesional y no una paciente más. Cambiar de ambiente me ayudaba mucho.

A la semana siguiente me quitaron los puntos de los senos. Ya estaba autorizada para viajar, y como iba a hacerlo, la doctora Lianeth decidió que era mejor dejar los puntos de la ingle. A dos semanas del injerto, retomé los viajes, con cuidados extremos, porque ahora debía cuidar el injerto de la mama y la herida de la ingle que aún tenía los puntos. No podía hacer movimientos bruscos, ni cargar peso, ni tampoco sudar.

Después de la operación me era más difícil movilizarme con las limitaciones de peso y esfuerzo. Contaba mucho con la ayuda de tu tía Sherly cuando estaba en Panamá. Creo que sin ella me habría sido muy difícil, sino imposible, realizar estos viajes. Ella asumió llevar el peso de mis cargas, desde el bolso del laptop hasta las compras en el supermercado; su ayuda fue muy valiosa, siempre le estaré agradecida por ello.

Me parecía increíble poder viajar nuevamente después de la última experiencia, esta vez ya no llegaría a un hotel, sino a un apartamento cerca a la oficina, lo cual sería mucho más cómodo para mí desde todo punto de vista. Sherly me esperaba para almorzar. Comimos una hamburguesa exquisita; me sabia a libertad, la libertad que tendría esos días de ser una profesional, con ciertas limitaciones, es cierto, pero lo importante es que aquí no era una paciente. Con mi decisión de reducir al máximo el azúcar, ese día me tomé la limonada granizada más linda en presentación y más amarga en sabor, pero igual me supo a libertad.

Aun después del injerto, quedaba una pequeña área por cerrar, la cual se esperaba que estuviese lista en un mes. Yo, mientras tanto, continuaba con las curas en ambas cicatrices. Con el pasar de los días, me parecía que la cicatriz estaba igual; no había un avance significativo.

Estando en Panamá, visité un centro oncológico con el fin de evaluar la factibilidad de hacer las radioterapias allá, lo cual me permitiría trabajar ya que el tratamiento sería de una frecuencia diaria por un intervalo de una hora. Tendría el resto del tiempo para trabajar y, como mi presencia era requerida el mayor tiempo posible, no estaba de más evaluar esta opción. Deseché esa idea, no solo por el costo, que era mucho más alto, aun cuando el centro médico hizo un descuento significativo, sino también porque, de acuerdo con lo indicado por el doctor, es importante contar con personas de apoyo, ya que podían surgir complicaciones durante el tratamiento. Mis personas de apoyo eran tu abuela y tu papá que estaban en Venezuela. Estaba decidido: las radioterapias las haría en Venezuela. Durante ese tiempo no tendría la opción de viajar.

# UN CUMPLEAÑOS NADA HABITUAL

Mi día de cumpleaños ideal es pasarlo en una playa, escuchando el sonido de las olas, caminar por la arena y disfrutar una buena comida para cerrar. Este cumpleaños no sería así en lo absoluto, por primera vez, desde que tengo memoria, la pasaría asistiendo a citas médicas. De regreso en Venezuela tuve mi primera consulta con la doctora Doris, quien sería mi médico radiólogo en un centro de salud cerca de mi casa, lo cual era muy bueno, porque pasaría mi tratamiento de radioterapia en mi casa con tu papá y liberaría a tu abuela de cuidarme este tiempo. Luego de una revisión exhaustiva, la doctora recomendó veinticinco sesiones de radioterapia, que empezarían una vez que se cerrara la cicatriz.

También asistí a mi cita de control con la doctora Lianeth, quien indicó que, aunque la cicatriz no estaba cerrada, el área sin piel tenía un color rosado, lo cual era bueno, solo quedaba esperar.

Si bien fue un cumpleaños inusual, el cierre fue el habitual, una rica cena de cumpleaños seguido por un postre exquisito, todo acompañado de una buena película para amenizar la velada. No fue el mejor cumpleaños, pero fue lo mejor que podía vivir en ese momento de mi vida y estoy agradecida.

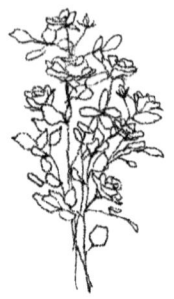

# ES CUESTIÓN DE TIEMPO

No sabía cuándo iba a empezar, pero debía hacerlo lo antes posible para que fuera efectivo, porque después de seis meses de operada se pierde la efectividad. Es decir, debía empezar antes del 15 de octubre y, una vez que empezara, serían aproximadamente cinco semanas de tratamiento. A mediados de julio, esperaba poder empezar antes de un mes.

Mientras esperaba que se cerrara la cicatriz, hice un nuevo viaje por trabajo. Esta vez, mi estadía se extendió y estuve cuatro semanas fuera. En ese momento, la cicatriz estaba cerrando, ya solo quedaba un pequeño espacio sin piel.

Seguía con las curas indicadas; pero, ya al final de mi estadía, noté que se había detenido el avance; todo lo contrario, la cicatriz se veía más abierta. Al parecer, parte del tejido nuevo se removió al hacer las curas tan seguido. Disminuí la frecuencia de las curas mientras que pudiera asistir a los controles médicos. Estaba frustrada; ya no sabía qué más hacer. Daba dos pasos hacia adelante en el proceso de la cicatrización y tres para atrás. Decidí que lo mejor era no volver a viajar hasta que cerrara la cicatriz y terminara la radioterapia.

Llegué el 20 de agosto a Venezuela, preparada para la ronda de citas médicas que me tocaban. Ya para este tiempo esperaba que lo que faltaba por cerrar de la cicatriz estuviera cubierto de nueva piel; pero no fue así, finalizaba agosto y aún no tenía fecha aproximada de inicio de la radioterapia. Había que seguir esperando y la espera me desesperaba. Pasaron tres semanas más. Aunque ya estaba casi cerrada, la piel de la mama donde me harían las radiaciones estaba muy delicada. Ya habían transcurrido cinco meses y medio, era necesario llevar mi caso a junta médica para evaluar si, por el tiempo transcurrido después de la operación, era conveniente realizar las radioterapias. De todos los tratamientos, las radioterapias era lo que no me quería hacer. Esperaba que, si me hacía la mastectomía, las radioterapias no serían necesarias y terminaría antes todo el tratamiento; pero, aunque no me las quería hacer, prefería que fuesen necesarias porque el médico así las considerase y no porque hubiese transcurrido tanto tiempo que la protección que la terapia me podía brindar ya no existiese.

En la junta médica se consideró que, a pesar de que ya estaba en el límite del tiempo para que la radioterapia fuera efectiva, por la edad, lo mejor era blindarme con esa última protección. Dado que era joven para este tipo de tumor y que el tipo era agresivo, continuar con el plan de radioterapia sería lo más beneficioso. Finalmente, me dieron la fecha de inicio, el 29 de octubre. Seis meses y catorce días después de la operación empezaría la radioterapia.

Poco a poco fui acostumbrándome a manejar nuevamente. Dejó de ser incomodó hacer los cambios de velocidad; ya no me molestaban los brazos ni sentía presión en el pecho. Recobré la confianza y la destreza para retomar el volante. Lo bueno de todo esto era que podía ir a las terapias manejando y no dependería de mis ayudantes habituales para que me trasladaran. Ellos también serian libres, después de todo.

## LA ESPERADA Y NO TAN ANHELADA RADIOTERAPIA

Empecé la primera sesión un martes. La piel de la mama estaba delicada, pero ya había cerrado bastante. Me marcaron alrededor del área de la axila, clavícula y mama que iban a radiar. Esta marca era la guía para enfocar la máquina. Estaba muy contenta por empezar esta primera sesión después de tantos contratiempos. El personal de la clínica, amable y servicial, hicieron esta primera experiencia tolerable. Ya faltaba una menos de un total de veinticinco sesiones.

Contaba cada sesión como los presos que cuentan los días acumulados para cumplir su condena y celebraba los viernes. Este día se volvió especial, pues marcaba el cierre de un total de cinco semanas, lo que me acercaba al logro definitivo de la meta: terminar todos los tratamientos. Al culminar la tercera semana, ya llevaba catorce sesiones; me faltaban once radioterapias y una inmunoterapia. Veo la luz al final del túnel.

Las sesiones de inmunoterapia eran cada vez más amenas. Hubo días en los que reíamos a más no poder. A pesar de todo, esos momentos se volvieron tiempos de distracción para tu abuela, mi compañera habitual, y para mí. En la radioterapia había conocido personas maravillosas, con diferentes historias y estado de la enfermedad. Unos podían asistían solos y otros dependían del apoyo de sus familiares para movilizarse. Mi nuevo cabello creció y me hice mi primer corte de cabello post- quimioterapia. Esta vez no lo haría Jonathan con la afeitadora; ameritaba darle forma, este primer corte lo hizo la hermana Marianela y me quedó genial.

Cuarta semana, radioterapia 19, cada vez más cerca del final. Cada radioterapia que termino es para mí un logro que me acerca más a la meta. Si estuviera corriendo cuatrocientos metros planos, ya hubiese pasado la última curva de la pista y estaría en la recta de los cien metros finales, solo me faltarían cincuenta. Ya vi la meta, estoy en el remate final, poniendo todo el esfuerzo para llegar. Esta vez, a diferencia de cuando corría esta distancia, me he dado la oportunidad de ver a los lados, de disfrutar el recorrido, escuchar las voces de mi barra, los que me animan a continuar, de los corredores con los que me he topado en mi camino, inclusive de los jueces. Esta vez, el objetivo no es hacer mi mejor tiempo, sino terminar la carrera. El premio no será una medalla: será más tiempo de vida y eso es más valioso que el oro.

Si bien ya faltaba poco para finalizar, los efectos de la radioterapia se hicieron presentes: se incrementó la fatiga y el área radiada estaba con diferentes tonalidades de rojo como un tomate a un rojo intenso, muy oscuro. La quemada era como una insolación. He estado insolada unas pocas veces, así que podría decir que estas quemaduras son similares a insolarse y volver a tomar sol, pero unas diez veces. Paré un poco la intensidad del trabajo, mi cuerpo me pedía más descanso.

«Él da esfuerzo al cansado, y multiplica las fuerzas al que no tiene ningunas.»
**Isaías 40:29**

# LLEGÓ DICIEMBRE

Llegó diciembre y con él la semana de cerrar ciclos. El día 2 completé la radioterapia número 25, terminando así el tratamiento. En la revisión final me percaté de que no solo estaba quemada la piel de mi axila: estaba rota y al rojo vivo. Después de que extrajeron los cuatro ganglios de esa zona, quedó lo que yo llamo un pequeño hueco que no era fácil de ver. Lo bueno es que, al finalizar las radios, ya no se seguiría quemando la piel, y lo más importante de todo es que la piel de la mama soportó las veinticinco sesiones sin que se abriera la herida.

El miércoles 4, un año y un día después de empezar la quimioterapia, terminé la aplicación 18 de la inmunoterapia con Trastozumab y con esto finalicé todos los tratamientos que tenía previstos. Era el fin de una era. Después de seis quimioterapias, dieciocho inmunoterapias, una adenomastectomía bilateral, una transfusión de sangre, veinte sesiones de cámara hiperbárica, un injerto de piel y veinticinco radioterapias, terminé mis tratamientos.

## CON MUCHAS RAZONES PARA ESTAR AGRADECIDA

En un proceso como este nos vemos confrontados con muchas realidades. Una de ellas es lo frágil y corta que es la vida, que puede terminar tan rápido como empezó y, aunque gran parte de nuestra sanidad depende de nosotros y del tratamiento médico, la última palabra la tiene Dios.

El tratamiento de esta enfermedad es muy costoso. Los hospitales públicos manejan listas de espera de meses para los diferentes tratamientos, y tiempo es lo que un paciente con cáncer no tiene. Una vez diagnosticado, se deben iniciar los exámenes que permitan determinar el plan de tratamiento más efectivo y accionar cuanto antes mejor. Al principio, el seguro que tenía no cubría casi nada, estaba por mi cuenta. Teníamos unos ahorros que no cubrirían la parte inicial del tratamiento, pero era lo que teníamos. Le doy gracias a Dios porque movió gente a mi favor que proveyó en gran manera y que, a pesar de los costos que se incrementaban constantemente, nunca faltó nada.

Otra realidad que se debe enfrentar es lo vulnerable que podemos volvernos, al sentirnos indefensos y sin saber qué hacer cuando nuestro cuerpo empieza a cambiar drásticamente; no responde, se debilita, pierde su apariencia y vigor después de cada tratamiento u operación. En ese momento, es importante contar con personal profesional dedicado a pelear con uno la batalla por la vida; que no sólo se dediquen a curar tu cuerpo, sino que también te hablen con la verdad y consideración; que te tengan paciencia ante cualquier temor, duda o desánimo; que te regañen o aconsejen si es necesario. Una sonrisa, una palmada, un abrazo te hacen sentir que no estás peleando solo.

Toda mi familia unida, cuidando de mí cuando yo no podía hacerlo, amigos, compañeros, conocidos y aún desconocidos que estuvieron allí, dándome ánimo, orando por mí, aportando un granito o una montaña de arena, haciendo de tripas corazón para darme ánimo en todo momento; aún a pesar de sus propios sentimientos, soportándome en los malos momentos, sobre todo mi mamá, mi esposo y mi hermana. ¡Cuánto amor, cuánta paciencia!

Cuidaron de mí con comida rica y no tan rica, pero saludable y muy conveniente; me llevaron y trajeron de un lado para otro, ajustaron sus horarios y vida personal, cargaron peso por mí y muchas veces llevaron mis cargas como si fueran suyas. Un ejército que peleó la batalla conmigo.

Contar con el apoyo del doctor Velandia fue una bendición. Le escribía cada vez que tenía alguna consulta, para mostrarle los resultados de cada examen o de los otros controles, los avances del proceso de cicatrización, en fin, todo. Siempre dedicó su tiempo a responderme, a tranquilizarme cuando me invadía la duda o la frustración. No solo fue mi cirujano oncólogo, fue ese profesional de confianza a quien acudí cada vez que necesité, en quien podía confiar porque sabía que quería lo mejor para mí, aunque a veces no pudiera verlo. Sus palabras me reconfortaron en más de una ocasión.

Tuve los mejores doctores, enfermeros y personal médico, excelentes profesionales que dieron lo mejor de sí para procurar mi sanidad. mi oncólogo médico, doctor Juan José Rodríguez; mi cirujana plástica, doctora Lianeth Salazar; mi oncólogo radiólogo, doctora Doris Barbosa; los enfermeros, licenciado Osbell Moreno, licenciada Raquel Mayora y licenciada Dayana Bucarello; así como el personal médico de Oxigenacion Hiperbarica Ávila, Centro Clínico Fénix Salud y Centro de Radioterapia Tuy.

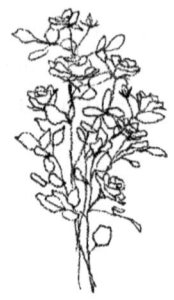

## SIGO VIVA

Hoy, casi 2 años después de que finalicé todos los tratamientos, mi cabello creció en unas partes más que otras. Hay áreas que quedaron con lo que yo llamo pelones, es decir, muy poco cabello. Los vellos de mis cejas y pestañas se niegan a crecer. Es indiscutible que todos los tratamientos que recibí dejaron huellas en mi cuerpo.

Mi vida no es la misma, esta enfermedad pasó como un vendaval que arrasó con todo lo que pudo a su paso, pero, aun así, soy una de las sobrevivientes. Muchos de mis compañeros de batalla murieron después de una larga lucha. No puedo evitar sentir algo de culpa y dolor porque yo sobreviví y muchos de ellos no. Sin embargo, pienso que lo mejor es sentirse agradecido con Dios. No sé por qué pasan muchas cosas, pero lo cierto es que pasan y no podemos hacer nada al respecto, solo Dios tiene el control.

Siento que debo aprovechar esta nueva oportunidad que Dios me ha dado, no solo por mí, sino por aquellos que no lo lograron. Peleamos esta batalla con la esperanza de vencerla, pero en honor de aquellos que no lo lograron y en honor a nosotros mismos: debemos pelear la vida después del cáncer.

**¡Estoy viva y voy a vivir!**

## EL TIEMPO DE LA PRIMERA VEZ, OTRA VEZ

Poco a poco comencé a hacer las actividades físicas. Si bien no podía cargar peso, ni hacer fuerza, exponerme al sol directo por mucho tiempo o correr, sí podía caminar. Empecé a hacerlo, disfrutaba del paisaje tan hermoso que tenía a mi paso; el color del cielo era un lienzo de azules y blancos bellísimo.

En febrero de 2020 fue mi primer viaje a la playa. Después de un año y medio de anhelar volver, escuchar el sonido del mar, caminar descalza en la arena y sumergirme en sus aguas, finalmente tuve el privilegio de hacerlo. Bañarme en las aguas frías del océano Pacifico, explorar el lugar y ver la majestuosidad de Dios reflejada en su creación. El médico me autorizó a ir tomando en cuenta sus indicaciones. Fui con tu tía Sherly, mi compañera de aventuras en Panamá, tenía un traje de baño que cubría mis brazos y torso por completo, sombrero, lentes y bastante bloqueador solar, pero aun así pude disfrutar el viaje y la estadía en la isla, otro bello paisaje que había que conocer.

La primera vez que fui a la piscina me sentí extraña, pues sentía mi pecho presionado por las prótesis y, al tratar de mover mis brazos como si fuera a nadar, la sensación de presión no era nada agradable. Pensé que no volvería a nadar, pero poco a poco, con el tiempo, pude soltar mis brazos y dejé de sentir esa presión tan fuerte en mi pecho. Pude dar brazadas y empezar a nadar.

Conocí el cerro Ancón, una pequeña montaña en la ciudad de Panamá, que, si bien no es como el Ávila, tiene una vista de la ciudad muy bonita que vale la pena conocer. Manejar bicicleta y correr eran mis próximas metas, pero no pude hacerlo hasta que pasaron unos ocho meses. Empecé trotando quinientos metros que después se convirtieron en dos kilómetros. La primera vez que monté una bicicleta fue después de diez meses y recorrí desde la cinta costera hasta el Coastway de Panamá. Esa actividad es, por mucho, la que más me gusta hacer en Panamá. El paisaje durante el recorrido es bello, pasear por la cinta costera, llegar a Fuerte Amador y finalizar en el Coastway. Tanta belleza me dejaba maravillada. Dios ha pintado una bella acuarela en ese lugar.

En Venezuela, la primera vez que subí el Ávila, específicamente Sabas Nieves, fue también un momento especial. Pasaron dos años, tenía mucho tiempo sin subir, aun antes de ser diagnosticada. Esta era una de las actividades que soñaba hacer cuando estaba sentada en el sillón de la sala de quimioterapia, llegar a la cima y ver a mi hermosa Caracas desde allí. Esta ciudad es hermosa e imponente. Volver a subir este cerro es un sueño hecho realidad. ¡Dios es bueno!

Como esas, he tenido otras primeras veces. He tenido el privilegio de volver a hacer lo que tanto me gusta: camino, corro, beso, abrazo, veo, canto, lloro, río, sueño con los mejores tiempos que están por venir, decidida a hacer la mejor limonada con los limones que me tocaron.

# OTRO DIAGNÓSTICO MÁS

La quimioterapia es un tratamiento arrasador que no solo ataca las células enfermas, sino que también ataca a las células sanas. La premenopausia pasó a menopausia provocada por la quimio. Después del primer ciclo de quimioterapia, hace más de dos años, desapareció mi menstruación. Normalmente esa es una situación que se revierte a los meses de terminar el tratamiento, pero en mi caso no ha sido así.

Le recuerdo al Señor mi edad, por si se le ha olvidado, son cuarenta y ocho años ya. Tengo familia y amigas de mi edad que tienen su primer nieto. Mi mamá tuvo su primera nieta a los cuarenta y cuatro años. Saco cuentas de qué edad tendré cuando tengas quince años, cuando seas un adolescente con ganas de comerte el mundo, cuando vayas a la universidad, cuando te cases, cuando tengas hijos. ¿Conoceré a mis nietos? ¿Me deleitaré viendo a tu papa enseñarte y convertirte en una persona de bien? ¿Tendré fuerzas para jugar contigo, para correr, nadar y saltar?

Sea que tenga o no más óvulos que fecundar, Dios es Dios y de la nada puede hacer un todo. Mi esperanza está en Él, aquel que del vientre estéril de Sara extrajo vida cuando esta contaba con noventa años; que escuchó la oración de la atribulada Ana permitiendo concebir a Samuel, juez y profeta de Israel; o que abrió la matriz de Elisabet para concebir al predecesor del Salvador. Hijos que tenían algo en común: fueron sufridos, esperados y anhelados por sus padres; pero lo más importante: fueron creados para cumplir un propósito mayor, que iba más allá de lo que sus padres, que tanto los esperaron, pudieron imaginar. Y tú, pequeño mío, no llegarás para cumplir los sueños míos o de tu papá, llegarás para cumplir el propósito de Dios y será en su tiempo que sucederá.

Hoy me encuentro aferrada a Dios y esperando en Él. Tengo una fe que ha sido probada en el tiempo, que ha desfallecido a punto de abandonar, porque el dolor de esperar con certeza y convicción algo que tarda tanto en llegar es mayor que no esperar nada; y a veces como un niño con el corazón roto, cansado de las promesas incumplidas del padre, provoca decir: «Ya no quiero nada», y así terminar la agonía.

Es evidente que no será como lo soñé, pero confío en que será. Ya no importan los planes, ni la ocasión perfecta o que suceda de una determinada manera. Reconozco que yo, que me gusta tener el control de todo y planificarme, no tengo el control de esto y mucho menos un plan. Dios tiene el control. Él es soberano y su voluntad es buena, agradable y perfecta. Cuando suceda, me alegraré y me gozaré, y espero disfrutar cada momento a tu lado, aun las noches en vela, tu llanto, tu risa, tus abrazos. Espero disfrutarlo todo, lo bueno y lo malo; espero poder disfrutar mi milagro.

No pensé que se podía querer tanto a alguien sin conocerlo. No existes y te amo con todo mi ser, hijo de mis entrañas. Te amo de una manera que duele, pero esta esperanza que duele hasta lo más profundo de mi alma es parte de mi ser, porque, mientras viva, te seguiré amando; mientras viva, te seguiré esperando.

Por eso te escribo a ti, mi hijo no nacido, mi hijo no concebido aún, a quien tengo en mi corazón hace ya más de quince años, cuando Dios me habló de ti por primera vez. A ti, aunque la ciencia dice que es imposible tu existencia, te escribo con la confianza de que Dios ha dicho otra cosa y, aun luchando contra mí misma, he decidido confiar y esperar en Él, porque la esperanza no avergüenza.

Justificados pues por la fe, tenemos paz para con Dios por medio de nuestro Señor Jesucristo; por quien también tenemos entrada por la fe a esta gracia en la cual estamos firmes, y nos gloriamos en la esperanza de la gloria de Dios. Y no sólo esto, sino que también nos gloriamos en las tribulaciones, sabiendo que la tribulación produce paciencia; y la paciencia, prueba; y la prueba, esperanza; y la esperanza no avergüenza; porque el amor de Dios ha sido derramado en nuestros corazones por el Espíritu Santo que nos fue dado.
**Romanos 5:1-5**

Por la fe también la misma Sara, siendo estéril, recibió fuerza para concebir; y dio a luz aun fuera del tiempo de la edad, porque creyó que era fiel quien lo había prometido.
**Hebreos 11:11**

## ¡Mientras haya vida en mí, seguiré esperando tu llegada!

**Referencias**
*Sociedades Bíblicas Unidas (1988). Texto bíblico: Reina Valera 1960, Impreso en Colombia.*

# ESPERANDO TU LLEGADA

Una fe puesta a prueba

YULIMAR YANEZ

**Portable** inspira

Somos una editorial creativa, flexible, dedicada a **formar autores, hacer libros y encontrar lectores.** Unimos la energía del start up con la experiencia sumada de un equipo de talentos en todas las áreas de gestión editorial. Nuestra especialidad es buscar autores que inspiren, construir contenidos inolvidables y hacer libros de calidad para ser leídos en el mundo. **Somos más que una editorial: somos una agencia para autores del futuro.**

@EditPortable

www.editorialportable.com
Contacto:info@editorialportable.com

www.ingramcontent.com/pod-product-compliance
Lightning Source LLC
Chambersburg PA
CBHW070243100426
42743CB00011B/2106